Monothéisme africain

Chance d'un dialogue œcuménique
et interreligieux

Pierre MATABARO CHUBAKA
Crispin BUNYAKIRI MUKENGERE

Monothéisme africain

Chance d'un dialogue œcuménique et interreligieux

L'Harmattan

Du même auteur

- MATABARO C. P., *La paix de Jésus. Lecture exégétique de Jn 14, 27* (Pars Disertationis), Franciscan Printing Press, Jérusalem, 1997.
- MATABARO C. P., *Jésus nous donne la vraie paix. Lecture exégétique de Jn 14, 27 à la lumière du judaïsme de Qumran*, Éditions Franciscaines, Kolwezi 2003.
- MATABARO C. P., *Il a pris possession de son règne le Seigneur Dieu Maître de tout (Ap 19, 6.16). L'Apocalypse de Jean et la Politique*, Éditions Franciscaines, Kolwezi 2003.
- MATABARO C. P., *Apprentissage de langues comme moment de l'inculturation de l'Évangile. Cours de mashi pour débutants en méthode dialogale et bilingue,* Éditions Franciscaines, Kolwezi 2003.
- MATABARO C. P., ofm, *Expérience de la tendresse du Père. Un autre aspect du lavement des pieds (Jn 13, 1-20),* in *Cahier de Philosophie et de Théologie Bx Jean XXIII* 2 (2005) 9-52, Publication de l'Institut Supérieur de Philosophie et de Théologie de Kolwezi (ISPTK), Éditions Franciscaines Kolwezi, 2005.
- MATABARO C. P., *Matrimonio misto in 1Cor 7, 12-16:Ecumenismo paolino sfida per l'Africa*, in *Studi Ecumenici* 30/2 (2012) 17 - 47.

© L'Harmattan, 2015
5-7, rue de l'École-Polytechnique ; 75005 Paris

http://www.librairieharmattan.com
diffusion.harmattan@wanadoo.fr
harmattan1@wanadoo.fr

ISBN : 978-2-343-07626-3
EAN : 9782343076263

Sommaire

INTRODUCTION 7

CHAPITRE 1
L'AFRIQUE NOIRE BERCEAU DU MONOTHÉISME 21
I.1. Afrique noire berceau de l'humanité 21
I.2. Afrique noire berceau du monothéisme 33

CHAPITRE 2
LENT PASSAGE DU POLYTHÉISME 73
AU MONOTHÉISME CHEZ LES HÉBREUX 73
II.1. Du polythéisme en Israël 73
II.2. Le Monothéisme africain a été antérieur au monothéisme hébreu 87

CHAPITRE 3
COMPARAISON DES MONOTHÉISMES 123
III.1. L'Afrique traditionnelle nous enseigne un monothéisme tolérant 123
III. 2. Un monothéisme agressif est une déviation. 142
III.3. François d'Assise précurseur lointain du Vatican II réconcilie deux monothéismes agressifs 149
III.4. Vatican II a mis les monothéismes en dialogue 162

CHAPITRE 4
PARADOXE DU MONOTHÉISME BIBLIQUE DANS LE RAPPORT HUMAIN 165
IV.1. De l'interprétation de Gn 10, un préjudice à l'Afrique (agressivité) 165
IV.2. Enjeux œcuméniques et collaboration des missionnaires 191
IV.3. Interprétation africaniste du mythe de Cham (M'veng, Poucouta, Kabasele) 198

CHAPITRE 5
NOS RELIGIONS CONTRE L'ESCLAVAGE MODERNE 219
V.1. Déclaration historique 219
V.2. Une déclaration qui nourrit l'espoir 222
V.3. Le Pape François contre l'esclavage 227

CONCLUSION GÉNÉRALE 247

APPENDICE 253
I- L'œuvre de Cheik Anta Diop 253
II- Le mythe fondateur du Bushi-Kabare 258

BIBLIOGRAPHIE 275
Ouvrages 275
Articles 285
Sites internet 300

TABLE DES MATIÈRES 301

Introduction

Participer à la construction du monde est une tâche de tout homme. Des efforts sont déployés dans tous les sens, efforts parfois mêlés à des intérêts qui faussent souvent la mission d'unir tous les peuples. Au lieu de s'unir, un fossé se creuse davantage. Mais pour mieux parler en vérité, il faut reconstituer les faits historiques et se reconnaître dans son identité.

Par la pensée, le désir de puissance, la soif de posséder, la volonté de marquer la différence, l'homme s'éloigne parfois de l'autre. Et pourtant, le désir et la recherche des rapprochements se remarquent aussi comme étant un besoin primordial. Un proverbe africain l'exprime d'une manière ou d'une autre en ces termes : « Omulume ajirwa n'owabo », car l'homme n'est pas une personne isolée. C'est un être de communion appelé à se démarquer des animaux pour montrer son humanité.

Aujourd'hui plus que jamais, la question de l'œcuménisme et du dialogue préoccupe le monde religieux et le thème de l'œcuménisme à une place prépondérante dans la réflexion. Du point de vue de la foi, l'homme cherche à tâtons à joindre Dieu. Il empreinte plusieurs voies qui, en définitive, l'unissent à l'Être Suprême. Cela a existé en Afrique[1] et ailleurs. Nous voulons démontrer, à travers ce travail, quelle contribution peut apporter l'Afrique pour aboutir à des dialogues œcuméniques et interreligieux équilibrés. Autrement dit, peut-on être authentiquement Africain et authentiquement chrétien ? L'Afrique a-t-elle un héritage à apporter dans le dialogue œcuménique et dans le dialogue interreligieux ? En effet, le débat africain sur le christianisme se focalise sur deux fronts[2] à savoir d'une part, *l'éthiopisation* de l'église africaine, c'est-à-dire son antériorité au soi-disant christianisme occidental et son affranchissement de la domination coloniale et, d'autre part, le discours de type *afrikania* qui revendique également l'antériorité, donc l'africanité ou l'authenticité africaine des valeurs fondamentales du judéo-christianisme, en particulier le monothéisme ici imputable plutôt au pharaon Akhenaton[3]

---

[1] LUKA LUSALA LU NE NKUKA, *Sainteté et témoignage dans la religion africaine*, in *Studia missionalia* 61 (2012), 446.
[2] F. - X. FAUVELLE - AYMAR et alii, *Afrocentrisme. L'histoire des Africains entre Égypte et Amérique*, Karthala, Paris, 2000, p. 331, cité par P. NZINZI, *L'antériorité des civilisations nègres face au déclassement historique*, in *Exchoresis* (Revue Philosophique de l'Université Omar Bongo) n° 3 vol. 3, Libreville, 2005, p.10 - 11.
[3] FAUVELLE F. - X. - AYMAR et alii, *Afrocentrisme. L'histoire des Africains entre Égypte et Amérique*, Karthala, Paris, 2000, p. 341, cité P. NZINZI, *L'antériorité des civilisations nègres face au déclassement historique*, in *Exchoresis* (Revue Philosophique de l'Université Omar Bongo) n° 3 vol. 3, Libreville, 2005, p.10 - 11.

- puisant dans le monothéisme hiérarchique. Le premier front est documenté par le Nouveau Testament (Ac 8, 26-39). Nous travaillerons sur le second front qui concerne l'Afrique plurimillénaire et voulons considérer ce que serait son impact dans le dialogue œcuménique et interreligieux. Même le second front est tout aussi documenté par le Nouveau Testament en soulignant que Moïse fut éduqué dans la sagesse égyptienne (Ac 7, 22).

L'africanité consiste à assumer avec honnêteté intellectuelle et morale l'histoire passée pour bâtir le futur de l'Afrique dans le concert des nations qui composent l'humanité entière.

> *« Ceux qui aiment l'Afrique noire ont le devoir de lui rappeler que son drame est le résultat d'une Histoire et d'un passé où le cloisonnement culturel, social et politique, le défaut d'audace, la pusillanimité combinés à la violence interne et externe gommèrent la promesse du bonheur. Aujourd'hui, tous les pays et tous les continents, bien malgré eux fédérés par le souci d'intérêts à garantir, la nécessité de faire grandir, chacun, leurs civilisations, grâce à la sauvegarde de leurs patrimoines, sont des pays et des continents*

qui comptent, pour réussir, sur la fidélité à leur Histoire et à leur passé »[4].

L'abandon majoritaire de la religion africaine par les Africains, pose problème. En fait, beaucoup d'Africains considèrent que la religion africaine, à l'heure actuelle, n'offre plus l'aspect complet, des religions islamique ou chrétienne, au niveau de la pratique. À cause de la propagande de l'islam et du christianisme, elle est perçue par beaucoup d'Africains, comme de la sorcellerie, du paganisme, des cultes mal définis[5].

---

[4] D. NGOIE NGALLA, *Une histoire et un passé d'apocalypse, civilisation figée, la place et la chance de l'Afrique dans la mondialisation*, in http : // reflexions - actuelles - dnn.blogspot.it/ (25 - 6 - 2012).

[5] J. RONY, *La religion traditionnelle, la religion la plus pratiquée en Afrique*, PDF p. 33 in http : // mobile.agoravox.fr/tribune - libre/article/la - religion - traditionnelle - la - 125054 (27 - 01 - 2014) ; SERVICE VOLONTAIRE INTERNATIONAL, *Guide des religions*, in www.mobile.agoravox.fr (27 - 01 - 2014).

Pourtant en reconnaissant l'Afrique comme berceau de l'humanité[6] et, par conséquent, comme berceau de la religion, nous y décelons la première forme de monothéisme qui s'est répandue progressivement dans les cultures successives : le judaïsme, le christianisme et l'islam.

> *« Dans la lutte pour le rétablissement de la mémoire collective africaine... Pierre Nillon, un*

---

[6] CHEIK ANTA DIOP a écrit beaucoup sur la question de l'Afrique berceau de l'humanité (voir Appendice). Les découvertes archéologiques le confirment jusqu'à présent. Un exemple de ses livres documentés : *Civilisation ou barbarie*, Présence africaine, Paris 1981, p. 12, où il démontre que l'Égypte est source de la science universelle. Il est confirmé sur beaucoup de points par l'archéologie : « La transition de l'Acheuléen au Paléolithique moyen s'étale sur près de 200000 ans, de 400000 à 200000 B.P., quand les processus de régionalisation se déclenchent dans plusieurs parties du continent. Les hommes modernes apparaissent durant cette même période, suggérant une seconde migration hors d'Afrique. La technique de débitage Levallois (qui permet d'obtenir des éclats ou des pointes de formes prédéterminées, en préparant le nucléus et en prévoyant la suite d'opérations techniques multiphases) est représentée dans toutes les parties du continent. Les éléments de mobilité sont beaucoup plus évidents et l'exploitation des ressources marines est attestée aux deux extrémités du continent, à Klasies River Mouth sur la côte sud - africaine et Haua Fteah sur la côte libyenne au nord. L'Afrique du Sud, avec des sites comme Blombos, Bushman Rock Shelter, Duinefontein II, Eland's Bay Cave, Klasies River Mouth » cf. A. HOLL, *Afrique. Préhistoire*, in www.Universalis.fr.encyclopedie/afrique - préhistoire/ (16 - 5 - 2013).

chercheur éclairé qui, à force de travail, nous amène sur un terrain inattendu, et nous invite à nous interroger d'abord sur les questions religieuses africaines, mais surtout sur l'origine des religions dites révélées telles que le Judaïsme, le Christianisme et l'Islam. Si Cheik Anta Diop, dans Nations nègres et culture nous pousse vers un univers scientifique, afin de prouver l'origine des anciens Égyptiens à savoir qu'ils étaient noirs avaient et les cheveux crépus, monsieur Pierre Nillon s'attarde, quand (sic !) à lui, sur le point de vue spirituel de l'Égypte antique. Pour lui la religion est la base de tout. Car, lorsque l'on parle de l'Égypte antique il faut aussi remonter le temps pour entrer dans les lieux les plus sacrés, là où le savoir noir a connu toute sa superbe (sic !). L'Égypte est aussi l'endroit où l'on a trouvé les plus anciennes traces du monothéisme africain pratiqué par le pharaon noir Akhenaton... alors que les religions connues aujourd'hui n'existaient pas »[7].

---

[7] PRECHE P., *Moïse l'Africain : La vérité voilée sur l'Africain qui a inspiré le monothéisme occidental* in http : // www.peuplesawa.com/fr/bnnews.php ?nid=632 (16 - 5 - 2013) ; http://www.kamayiti.com/culture/religion/interview-du-chercheur-piere-nillon.html (6 - 8 - 2015).

Malgré la diversité culturelle en Afrique traditionnelle, aucune ethnie ne considérait son Dieu comme différent de celui de l'autre. D'ailleurs ce qu'on appelle nation en Europe correspond à ce que les anthropologues occidentaux ont appelé tribu ou ethnie en Afrique. Le même Être suprême, Dieu unique, Créateur de l'univers était connu par toutes les nations africaines sous différents noms selon les langues utilisées.

L'Afrique a été moins lente qu'Israël, réputé à tort premier monothéiste, à reconnaitre qu'il n'y a qu'un seul Dieu créateur de l'univers, mais à qui l'on va parfois à travers des intermédiaires qui, pourtant, ne prennent pas sa place.

Puissions-nous nous servir de la conception traditionnelle africaine du monothéisme pour ouvrir un dialogue franc parmi les confessions chrétiennes d'une part, et avec les religions dites monothéistes d'autre part ? L'expérience de l'Afrique et ses religions nous y encouragent.

En 1923, le pape Pie XI subventionna une expédition au cœur de la forêt africaine[8] pour étudier les Pygmées. L'entreprise n'était pas missionnaire : il s'agissait de

---

[8] J. F. DORTIER, *le Pape et les Pygmées. À la recherche de la religion première*, mise à jour 11 – 05 - 2012, in http : // www.scienceshumaines.com/le - pape - et - les - pygmees - a - la - recherche - de - la - religion - premiere_fr_15091.html (14/03/2013)

vérifier la théorie du « monothéisme primitif » selon laquelle les Pygmées croyaient en un Dieu unique. C'est ainsi que des missionnaires ethnologues furent envoyés à leur rencontre. Parmi eux, le révérend père Paul Schebesta, missionnaire autrichien, fit plusieurs expéditions au Congo chez les Pygmées bambuti et leur consacra de nombreux ouvrages. Dans son livre *Les Pygmées* (Gallimard, 1940), il déclare avoir trouvé des coïncidences troublantes entre le Dieu suprême des Pygmées, créateur de toutes choses, et celui de la Bible. Ceux qu'on appelle les Pygmées sont divisés en plusieurs groupes : Bambuti de l'ex-Zaïre, Baka du Cameroun et Aka du Congo et de la Centrafrique.

Dans le conteste évolutionniste de l'époque,

> *« Les théories anthropologiques faisaient une large part au système de classification des sociétés humaines au détriment de l'étude de leurs systèmes sociaux et politiques. Elles niaient toute valeur spécifiquement africaine et pensaient que le Noir africain ne pouvait rien apporter à l'Europe, du moins sur le plan moral et spirituel. Les Européens étaient unanimes sur le caractère primitif du Noir, mais ils le jugeaient diversement suivant leur famille de pensée. Les philanthropes et les missionnaires le considéraient avec une certaine pitié et s'attachaient à développer des idées assimilatrices et conversionnistes selon lesquelles les Noirs ne pouvaient être sauvés que*

> *s'ils adoptaient le christianisme occidental. Leur conversion leur permettrait de combler leur retard en rattrapant l'Europe. On refusait ici de leur reconnaître une altérité ou du moins on pensait que leur altérité allait cesser avec la christianisation qui les rachèterait du péché originel »*[9].

Même si beaucoup, paralysés par l'idéologie raciste et d'autres par le complexe d'infériorité, doutent encore aujourd'hui de l'apport de l'Afrique à l'humanité, il ne convient pas d'ignorer ce que déclare Edem Kodjo[10].

> *« Et comment te nommerai-je ? Mère, nourricière ? Continent primordial, source et origine de l'humanité ? Comment te nommerai-je, toi, Afrique, dont plusieurs de tes fractures appelées États - peut-on les appeler autrement ? - vont s'aligner frénétiquement, noyant leur chagrin structurel dans une joie éphémère sans*

---

[9] B. SALVAING, *Les Missionnaires à la rencontre de l'Afrique au XIX siècle. Cote des esclaves et pays Yoruba*, l'Harmattan, Paris 1994, p. 309 - 310, cité par Magloire SOME, *Les cultures africaines à l'épreuve de la colonisation*, PDF, in *Afrika Zamani*, n° 9&10 (2001 - 2002) 41 - 59, p. 43.

[10] Cf. EDEM KODJO, *Lettre ouverte à l'Afrique centenaire*, Editions Gallimard, Paris 2010. Note de l'éditeur, in http : // www.gallimard.fr/Catalogue/GALLIMARD/Continents - noirs/Lettre - ouverte - a - 1 - Afrique - cinquantenaire (28 - 05 - 2013).

lendemain procurée par des festivités célébrant le cinquantième anniversaire de leur indépendance ? Vous avez dit "indépendance" ? Soit, je l'accepte. Je ne chicanerai pas sur ce point : indépendance, d'accord ! Indépendance dans la dépendance absolue, totale : mains tendues dans l'attente de la manne salvatrice, habitude contractée depuis longtemps ».

Nous constatons que les Africains formés en Europe ou éduqués à l'européenne arrivent à 4 résultats alternatifs : a) aliénation, qu'en langage adouci on appelle intégration, sort de ce qui acceptent de ne réfléchir et parler que pour satisfaire l'idéologie impérialiste ; b) révolte devant la falsification de l'histoire qu'on a souvent présentée comme vérité scientifique ; c) traumatisme face aux monstruosités de mensonges qui nous ont toujours été présentées en histoire des vainqueurs racontée aux vaincus ; d) rarement une expérience de rencontre et de dialogue. C'est le but du parcours œcuménique que nous proposons dans ces pages.

L'heure de l'œcuménisme porterait l'équilibre sous les conditions que nous empruntons à Kabasele[11] :

---

[11]F. KABASELE, *Les cultures africaines et le christianisme : peuvent-elles s'enrichir mutuellement ? Si oui, à quelles conditions*, in *Sedos bulletin* vol 32/ 7 (2000) 2006 - 2011, p. 2011.

« Avec une meilleure connaissance des traditions africaines, on comprend de mieux en mieux qu'elles constituent le lieu où le christianisme peut fleurir, en se décapant des scories du temps et des espaces par lesquels il avait transité, et en assumant en Afrique les valeurs que le créateur lui avait confiées tout en faisant resplendir celles-ci du soleil de la Révélation et de la foi en Christ. Une chance mutuelle s'offre ainsi dans cette rencontre. Mais encore faut-il que l'Europe chrétienne et l'Afrique d'aujourd'hui saisissent cette chance de la rencontre. Pour l'Europe chrétienne, saisir cette chance c'est accepter l'Afrique telle qu'elle est, avec son souci primordial de la relation humaine, de la communauté, son sens de la nature, et son dynamisme de la parole. Saisir la chance de la rencontre pour l'Afrique c'est accepter l'Europe telle qu'elle est, avec ses manies d'organisation, avec son cogito ergo sum, son attachement au droit de propriété et de l'individu.

Une fois que l'on s'est accepté différent, tel que l'on est, le pas de la synthèse peut s'annoncer fructueux. Et le cheminement de la rencontre sera rythmé par le respect de l'autre, l'évacuation des complexes historiques, l'attention de la présence de Dieu dans la vie et l'histoire de chacun, l'émerveillement devant cette main de Dieu qui nous a toujours précédés chez l'autre. Le christianisme n'en sera que plus riche, et les peuples qui auront cru au message du Christ plus humainement accomplis ».

Dans les débats sur l'Afrique, beaucoup d'auteurs ont tendance à séparer l'Égypte en l'associant à l'Asie. Luka Lusala Lu Ne Nkuka, s'appuyant sur Jean-François Champollion, démontre le contraire en disant[12] :

> *« La différence entre Asie et Égypte est perçue dans la constitution physique, les mœurs, les usages et l'organisation sociale. De même dans la langue, le peuple égyptien était étranger au continent asiatique... Les Éthiopiens et les Égyptiens étaient nègres, comme tous les autres naturels de l'Afrique ».*

Pour confirmer l'origine commune des cultures d'Afrique, Luka Lusala Lu Ne Nkuka analyse les récits de Kemet, de l'Angola, du Bénin, du Congo, du Gabon, du Mali, du Nigeria et du Sénégal. Il fait usage de trois paradigmes : étymologique, catégoriel et fonctionnel mis au point par Asante qui considère que « les sociétés africaines trouvent en Kemet une source commune pour

---

[12] LUSALA LU NE NKUKA L., *De l'origine kamite des civilisations africaines. Lecture afro - centrique de quelques récits*, Menaibuc, 2008, p. 9 - 11.

des idées intellectuelles et philosophiques »[13]. Un autre chercheur dit : « En l'état actuel de nos connaissances, on reconnaît trois grands schémas évolutifs : le schéma africain qui a vu la naissance de l'humanité, le schéma asiatique et le schéma européen. Le peuplement de l'Amérique et de l'Océanie s'est effectué par migration »[14]. Ce soubassement commun dans la diversité culturelle africaine est un élément important pour le dialogue actuel entre Africains d'une part, et entre les différentes religions qui ne manquent pas de liens avec le berceau de l'humanité d'autre part.

---

[13] MOLEFI KETE ASANTE, *Kemet, Afrocentricity and Knowledge*, Africa World Press, Trenton, NJ, 1990, p. 92, cité par LUSALA LU NE NKUKA L., *De l'origine kamite des civilisations africaines*, p. 12 - 13.

[14] THIAM M., *La préhistoire vue à partir des sites d'Afrique occidentale. Les premières traces de la vie humaine. L'apparition de l'art. Les débuts de l'agriculture. La maitrise du fer,* PDF, Archéologie - Préhistoire, Département d'Histoire, FLSH/UCAD, Dakar, p.8 in www.ipefdakar.org (7/12/2013).

Chapitre 1

L'Afrique noire berceau du monothéisme

I.1. Afrique noire berceau de l'humanité

Selon Holl[15], la préhistoire de l'Afrique est littéralement la préhistoire de l'humanité. Les recherches archéologiques effectuées en Afrique ont intéressé beaucoup de traditions académiques, offrant ainsi une multiplicité de perspectives sur l'évolution des sociétés humaines. En outre, ajoute Holl, le continent présente la plus longue séquence archéologique du monde, des débuts incertains de l'humanité jusqu'à la période contemporaine. Holl affirme que les plus anciens outils en pierre ont été découverts dans un petit nombre de sites le long de la Rift Valley, qui s'étire de Djibouti à la Tanzanie, en Afrique orientale. C'est le cas le long de la rivière Gona, dans le membre Kada Hadar de la formation Hadar au nord de l'Éthiopie,

---

[15] HOLL A., *Afrique. Préhistoire*, in http : // www.universalis.fr/encyclopedie/afrique - histoire - prehistoire/ (16 - 5 - 2013).

où des « outils » en pierre ont été trouvés et associés à des ossements d'animaux [...]

Quant à Poutrier[16], il atteste qu'à la lumière des connaissances actuelles en paléoanthropologie, l'Afrique apparaît comme le berceau de l'humanité. D'importantes découvertes de fossiles d'hominidés, caractérisés par la station debout et la marche bipède, ont été faites dans trois foyers principaux : l'Afrique du Sud, l'Afrique orientale et l'Éthiopie, le Tchad.

Les grands thèmes développés dans *Nations nègres et cultures* de Cheikh Anta Diop non seulement n'ont pas vieilli, mais sont maintenant accueillis et discutés comme des vérités scientifiques[17], alors qu'à l'époque ces idées paraissaient si révolutionnaires que très peu d'intellectuels africains osaient y adhérer. L'indépendance de l'Afrique, la création d'un État fédéral continental africain, l'origine africaine et négroïde de l'humanité et de la civilisation, l'origine nègre de la civilisation égypto-nubienne,

---

[16] POURTRIER R., *Afrique structure et milieu*, in *Afrique. Préhistoire*, in http : // www.universalis.fr/encyclopedie/afrique - histoire - prehistoire/ (16 - 5 - 2013).
[17] *Nations nègres et culture - Cheikh Anta Diop*, in www.afrikara.com/index.php ?...id (16 - 5 - 2013) ; Il convient de regarder la thèse de Cheikh Anta Diop et l'Afrique avec optimisme et réalisme contrairement au pessimisme de qui pense que la thèse de Cheikh Anta Diop est plus motif d'orgueil que de fierté, P. NZINZI, *L'antériorité des civilisations nègres motif de fierté ou d'orgueil*, in *Quest* 13 (1999)129 - 144, PDF, p. 142.

l'identification des grands courants migratoires et la formation des ethnies africaines, etc. y sont démontrées.

Pendant que le pape envoie des expéditions au Congo, naissait Cheikh Anta Diop en 1923, dans un petit village du Sénégal, Caytou. L'Afrique est alors sous la domination coloniale européenne qui a pris le relais de la traite négrière atlantique commencée au 16e siècle. La violence dont l'Afrique fut l'objet n'est pas de nature exclusivement militaire, politique et économique.

Théoriciens (Voltaire, Hume, Hegel, Gobineau, Lévy Bruhl, etc.) et institutions d'Europe (l'institut d'ethnologie de France créé en 1925 par L. Lévy Bruhl, par exemple), s'appliquent à légitimer au plan moral et philosophique l'infériorité intellectuelle décrétée du Nègre.

La vision d'une Afrique anhistorique et atemporelle, dont les habitants, les Nègres, n'ont jamais été responsables, par définition, d'un seul fait de civilisation, s'impose désormais dans les écrits et s'ancre dans les consciences. L'Égypte est ainsi arbitrairement rattachée à l'Orient et au monde méditerranéen géographiquement, anthropologiquement, culturellement[18].

Dans ce contexte singulièrement hostile et obscurantiste, Cheikh Anta Diop se lève et met en cause,

---

[18] Présentation de l'Œuvre de Cheikh Anta Diop sur le site http : // www.cheikhantadiop.net (16 - 5 - 2013).

par une investigation scientifique méthodique, les fondements mêmes de la culture occidentale relatifs à la genèse de l'humanité et de la civilisation. La renaissance de l'Afrique, qui implique la restauration de la conscience historique, lui apparaît comme une tâche incontournable à laquelle il consacrera sa vie.

Pour acquérir les outils de travail, il s'attache, dès ses études secondaires à Dakar et à St Louis du Sénégal, à se doter d'une formation pluridisciplinaire en sciences humaines et en sciences exactes, nourrie par des lectures extrêmement nombreuses et variées. Il puise à la culture européenne qu'il maitrise, tout en restant profondément enraciné dans sa propre culture, en l'occurrence le wolof, sa langue maternelle, une des principales clés qui lui ouvrira les portes de la civilisation pharaonique. Par ailleurs, l'enseignement coranique le familiarise avec le monde arabo-musulman.

À partir des connaissances accumulées et assimilées sur les cultures africaine, arabo-musulmane et européenne, Cheikh Anta Diop élabore des contributions majeures dans différents domaines esquissées ci-après[19].

Cheikh Anta Diop vise la reconstitution scientifique du passé de l'Afrique et la restauration de la conscience historique.

---

[19] Présentation de l'œuvre de Cheikh Anta Diop sur le site : http : // www.cheikhantadiop.net (16 - 5 - 2013).

Au moment où Cheikh Anta Diop entreprend ses premières recherches historiques (années 40) l'Afrique noire ne constitue pas « *un champ historique intelligible* » pour reprendre une expression de l'historien britannique Arnold Toynbee. Il n'est symptomatique qu'encore au seuil des années 60, dans le numéro d'octobre 1959 du *Courrier de l'UNESCO*, l'historien anglo-saxon Basile Davidson introduise son propos sur la « *Découverte de l'Afrique* » par la question : « *Le Noir est-il un homme sans passé ?*[20] »

Obenga[21] montre en quoi consistent l'originalité et la nouveauté de la problématique historique africaine ouverte et développée par Cheikh Anta Diop :

> « *En refusant le schéma hégélien de la lecture de l'histoire humaine, Cheikh Anta Diop s'est, par conséquent, attelé à élaborer, pour la première fois en Afrique noire une intelligibilité capable de rendre compte de l'évolution des peuples noirs africains, dans le temps et dans l'espace [...] Un*

---

[20] Présentation de l'œuvre de Cheikh Anta Diop sur le site : http : // www.cheikhantadiop.net (16 - 5 - 2013).
[21] T. OBENGA, *Cheikh Anta Diop, Volney et le Sphinx. Contribution de Cheikh Anta Diop à l'historiographie mondiale,* Présence Africaine, Paris, 1996, p. 27 - 28 ; cf. OBENGA T., *La rupture épistémologique de Cheikh Anta Diop*, PDF. p. 36, in
 http : // ciid.politicas.unam.mx/estudios_africanos/swf/02rupture.swf (16 - 5 - 2013).

ordre nouveau est né dans la compréhension du fait culturel et historique africain. Les différents peuples africains sont des peuples "historiques" avec leur État : l'Égypte, la Nubie, le Ghana, le Mali, le Zimbabwe, le Kongo, le Bénin, etc. leur esprit, leur art, leur science »[22].

Selon Holl[23], les fondements de l'État égyptien se trouvent dans la période Nagada II (au sud) - Maadi (au nord) au cours de la seconde moitié du IVe millénaire avant J.-C. Des centres urbains se développent le long de la vallée du Nil, à Hiérakonpolis, Naqada, Maadi et Buto, s'appuyant sur des flots constants d'échanges entre la Haute et la Basse-Égypte. L'émulation, la compétition et le renforcement différentiel des pouvoirs des « nomarques » (gouverneurs de provinces ou nomes) engendrent rivalités, alliances et contre-alliances. Ce processus culmine avec la formation de l'État « unifié » d'Égypte autour de 3050 avant J.-C. sous le règne de Narmer, le Roi-Scorpion.

---

[22] OBENGA T., *Cheikh Anta Diop, Volney et le Sphinx. Contribution de Cheikh Anta Diop à l'historiographie mondiale,* Présence Africaine, Paris, 1996, p. 27 - 28 ; cf. OBENGA T., *La rupture épistémologique de Cheikh Anta Diop*, PDF. p. 36, in
http : // ciid.politicas.unam.mx/estudios_africanos/swf/02rupture.swf (16 - 5 - 2013).
[23] HOLL A., *Afrique. Préhistoire*, in http : // www.universalis.fr/encyclopedie/afrique - histoire - prehistoire/6 - urbanisation - et - emergence - des - societes - complexes/ (13 - 10 - 2014)

En 1954, Cheikh Anta Diop publia, aux Éditions Présence Africaine créées par Alioune Diop, le livre fondateur d'une écriture scientifique de l'histoire africaine : *Nations nègres et Culture – De l'Antiquité nègre égyptienne aux problèmes culturels de l'Afrique d'aujourd'hui*.

Les thématiques présentes dans l'œuvre de Cheikh Anta Diop peuvent être regroupées en six grandes catégories[24] :

a. *L'origine de l'homme et ses migrations*. Parmi les questions traitées : l'ancienneté de l'homme en Afrique, le processus de différentiation biologique de l'humanité, le processus de sémitisation, l'émergence des Berbères dans l'histoire, l'identification des grands courants migratoires et la formation des ethnies africaines.

b. *La parenté Égypte ancienne/Afrique noire*. Elle est étudiée selon les aspects suivants : le peuplement de la vallée du Nil, la genèse de la civilisation égypto-nubienne, la parenté linguistique, la parenté culturelle, les structures socio-politiques, etc.

c. *La recherche sur l'évolution des sociétés*. Plusieurs développements importants sont consacrés à la genèse des formes anciennes d'organisation sociale rencontrées dans

---

[24] Cf. Présentation de l'œuvre de Cheikh Anta Diop, in : http ://.www.cheikhantadiop.net (16 - 5 - 2013), © Khepera, 2007.

les aires géographiques méridionale (Afrique) et septentrionale (Europe), à la naissance de l'État, à la formation et à l'organisation des États africains après le déclin de l'Égypte, à la caractérisation des structures politiques et sociales africaines et européennes avant la période coloniale ainsi qu'à leur évolution respective, aux modes de production, aux conditions socio-historiques et culturelles qui ont présidé à la Renaissance européenne.

d. *L'apport de l'Afrique à la civilisation.* Cet apport est restitué dans de nombreux domaines : la métallurgie, l'écriture, les sciences (mathématiques, astronomie, médecine...), les arts et l'architecture, les lettres, la philosophie, les religions révélées (judaïsme, christianisme, islam), etc.

e. *Le développement économique, technique, industriel, scientifique, institutionnel, culturel de l'Afrique.* Toutes les questions majeures que pose l'édification d'une Afrique moderne sont abordées : maîtrise des systèmes éducatif, civique et politique avec l'introduction et l'utilisation des langues nationales à tous les niveaux de la vie publique ; l'équipement énergétique du continent ; le développement de la recherche fondamentale ; la représentation des femmes dans les institutions politiques ; la sécurité ; la construction d'un État fédéral démocratique, etc. La création par Cheikh Anta Diop du laboratoire de datation par le radiocarbone qu'il dirige jusqu'à sa disparition est significative de toute l'importance accordée à « *l'enracinement des sciences en Afrique* ».

f. *L'édification d'une civilisation planétaire*. L'humanité doit rompre définitivement avec le racisme, les génocides et les différentes formes d'esclavage. La finalité est le triomphe de la civilisation sur la barbarie. Cheikh Anta Diop appelle de ses vœux l'avènement de l'ère qui verrait toutes les nations du monde se donner la main *« pour bâtir la civilisation planétaire au lieu de sombrer dans la barbarie »* (*Civilisation ou Barbarie*, 1981). L'aboutissement d'un tel projet suppose :

- la dénonciation de la falsification moderne de l'histoire : « La conscience de l'homme moderne ne peut progresser réellement que si elle est résolue à reconnaître explicitement les erreurs d'interprétations scientifiques, même dans le domaine très délicat de l'Histoire, à revenir sur les falsifications, à dénoncer les frustrations de patrimoines. Elle s'illusionne, en voulant asseoir ses constructions morales sur la plus monstrueuse falsification dont l'humanité ait jamais été coupable tout en demandant aux victimes d'oublier pour mieux aller de l'avant »[25].

Soutenus par l'œuvre grandiose de Cheikh Anta Diop (voir appendice) et les résultats de l'archéologie récente, il nous est maintenant permis d'affirmer, dans l'état actuel de la recherche, que l'Afrique est le berceau de l'humanité. Nous en tirerons les conséquences du point de

---

[25] CHEIKH ANTA DIOP, *Antériorité des civilisations nègres - mythe ou vérité historique ?*, Présence Africaine, Paris, 1954, p. 12.

vue culturel et religieux. Comme le souligne le Pape François[26] :

> « *Quand nous lisons dans la Genèse le récit de la Création, nous risquons d'imaginer Dieu comme un magicien, avec sa baguette magique faisant apparaître toutes les choses. Mais il n'en est pas ainsi. Il a créé les êtres et les a laissés se développer selon les lois internes qu'il a données à chacun, pour qu'ils se développent, pour qu'ils arrivent à leur plénitude. Il a donné l'autonomie aux êtres de l'univers en même temps qu'il les a assurés de sa présence continue, donnant vie à toute réalité. C'est ainsi que la création s'est poursuivie pendant des siècles et des siècles, des millénaires et des millénaires, jusqu'à ce qu'elle devienne celle que nous connaissons aujourd'hui, justement parce que Dieu n'est pas un démiurge ou un magicien, mais le Créateur qui donne vie à toutes les espèces. Le début du monde n'est pas l'œuvre du chaos qui doit à un autre son origine, mais dérive directement d'un principe suprême qui crée par amour. Le Big*

---

[26] *François, Yves, Lucie et les autres*, in http : // fraternite - ofs - sherb.eklablog.com/rome - francois - yves - lucie - et - les - autres - e - e - a113009084 (29 - 10 - 2014) ; *le Pape : l'évolution de la nature ne contredit pas la création*, in http : // fr.radiovaticana.va/news/2014/10/27/le_pape__lévolution_de_la_natur e_ne_contredit_pas_la_création/1109525 (29 - 10 - 2014).

Bang que l'on met aujourd'hui à l'origine du monde ne contredit pas l'intervention du Créateur divin, mais l'exige. L'évolution dans la nature ne s'oppose pas à la notion de Création parce que l'évolution présuppose la création des êtres qui évoluent...

En ce qui concerne l'homme, en revanche, il y a un changement et une nouveauté. Quand, au sixième jour du récit de la Genèse, arrive la création de l'homme, Dieu donne à l'être humain une autre autonomie, une autonomie différente de celle de la nature ; c'est celle de la liberté. Et il dit à l'homme de donner un nom à toutes les choses et de continuer dans le cours de l'histoire. Il le rend responsable de la création, pour qu'il domine aussi la création, pour qu'il la développe et ainsi jusqu'à la fin des temps ».

Et le scientifique Coppens d'ajouter[27] :

« *Moi, je suis convaincu que l'homme, dès qu'il est homme, est religieux. C'est amusant de voir*

---

[27] *François, Yves, Lucie et les autres*, in http : // fraternite - ofs - sherb.eklablog.com/rome - francois - yves - lucie - et - les - autres - e - e - a113009084 (29 - 10 - 2014) ; *le Pape : l'évolution de la nature ne contredit pas la création*, in http : // fr.radiovaticana.va/news/2014/10/27/le_pape__lévolution_de_la_nature_ne_contredit_pas_la_création/1109525 (29 - 10 - 2014).

combien la nature se fiche de l'individu et veut absolument préserver l'espèce et combien, quand on arrive à l'homme, peut apparaître la noblesse de l'individu et tout le respect de la personne. Je crois que la force des sciences naturelles, c'est de voir à la fois cette discontinuité dans la continuité. Quand on passe de la matière inerte à la matière vivante, il y a tout à coup un saut. Et quand on passe de la matière vivante à la matière pensante, il y en a un autre. Et puis, pourquoi pas d'autres à venir, que bien sûr, on ignore »

Une étude récente vient de découvrir un os du petit doigt découvert en Tanzanie qui a beaucoup à dire : il nous parle d'un ancêtre de l'Homme qui aurait déjà été équipé d'une main « moderne » il y a 1,8 million d'années[28]. Une main qui lui aurait permis toutes sortes de manipulations.

On pense qu'il s'agit du plus ancien os de main moderne connu à ce jour, souligne une étude publiée en ligne dans la revue britannique *Nature communications*.

Cette découverte a été faite sur le riche site préhistorique des gorges d'Olduvai (nord de la Tanzanie)

---

[28] P. MOLARD CHENEBENOIT, *La plus ancienne main moderne*, in http://www.msn.com/fr-fr/actualite/technologie-et-sciences/la-plus-ancienne-main-%c2%abmoderne%c2%bb-aurait-18-million-dann%c3%a9es/ar-BBlRljR?ocid=spartandhp (20 - 08 - 2015).

par une équipe de chercheurs menée par Manuel Dominguez-Rodrigo, de l'Institut de l'évolution en Afrique dont le siège est à Madrid.

Pour ces chercheurs, le propriétaire de cette phalange, un adulte baptisé OH 86, coexistait à cet endroit avec le Paranthrope Boisei - un Australopithèque robuste - et avec l'Homo Habilis (« homme habile ») qui savait fabriquer des outils primitifs en pierre[29].

OH 86 pourrait être un ancêtre de l'Homo Erectus (« homme debout »), voire un Homo Erectus, représentant fossile du genre Homo (ndlr : apparu il y a environ 1,7 million d'années), avance M. Dominguez-Rodrigo[30].

I.2. Afrique noire berceau du monothéisme

Le Père jésuite Camerounais Engelbert Mveng avait contredit les idées reçues qui affirmaient que le monothéisme en Afrique était mieux perçu sous

---

[29] P. MOLARD CHENEBENOIT, *La plus ancienne main moderne,* in http://www.msn.com/fr-fr/actualite/technologie-et-sciences/la-plus-ancienne-main-%c2%abmoderne%c2%bb-aurait-18-million-dann%c3%a9es/ar-BBlRljR?ocid=spartandhp (20 - 08 - 2015)

[30] P. MOLARD CHENEBENOIT, *La plus ancienne main moderne,* in http://www.msn.com/fr-fr/actualite/technologie-et-sciences/la-plus-ancienne-main-%c2%abmoderne%c2%bb-aurait-18-million-dann%c3%a9es/ar-BBlRljR?ocid=spartandhp (20 – 08 – 2015)

l'influence du christianisme et de l'islam[31]. Selon Mveng, « l'interprétation des traditions religieuses africaines aboutit à l'affirmation explicite du *monothéisme*. Les missionnaires chrétiens qui l'ont exploité pour leur apologétique ne l'ont pas inventé »[32]. Au contraire, fait remarquer Mveng, toutes les religions révélées qui se réclament du monothéisme sont nées dans des milieux et des traditions polythéistes. C'est le cas du judaïsme, du christianisme et de l'islam nés autour du bassin méditerranéen, surtout la vallée du Nil sud ; c'est le pays de Kush, c'est-à-dire l'Afrique noire. Selon Pierre Nillon[33] :

> « *Le chapitre 10 du livre de la Genèse, en citant les trois continents connus dans l'Antiquité à savoir : l'Asie, l'Afrique et l'Europe, nous révèle que l'ancien nom du continent africain était KaM, diminutif de KaMa. En effet, KaMa en araméen ou KaM en hébreu, signifie* « *chaleur* », « *brûlé* », « *noirci* »..., *caractéristique principale de ce continent, car selon Hérodote, la chaleur y rend les Hommes noirs (Histoire II, 22). Mais le*

---

[31] E. MVENG, *L'Afrique dans l'Église*, Paris, L'Harmattan, 1985, p. 156.
[32] MVENG E., *L'Afrique dans l'Église*, Paris, le Harmattan, 1985, p. 156
[33] NILLON P., *Ceci est la véritable Bible de Moise/Akhenaton*, in http : // vuesdumonde.forumactif.com/t3402 - ceci - est - la - veritable - bible - de - moise - akhenaton (4 - 5 - 2013).

mot KaMa est-il pour autant originaire de ce continent ? Oui, car depuis l'apparition de l'écriture hiéroglyphique (3400 av. J.C), les anciens Égyptiens se désignaient eux-mêmes par le mot KaMtou signifiant les Noirs.

Par ailleurs, ils utilisaient le mot KaMi signifiant noire, non seulement pour désigner leur pays, mais aussi et par extension tout le continent africain. Cette racine africaine se rencontre toujours dans les langues suivantes : KaMa signifie noir en copte, iKaMa signifie noirci en mbochi, KaMi signifie brûlé en bambara. KéMi signifie brûlé en mandjakou, KeM signifie brûlé en wolof, KiM signifie brûlé en mooré, etc.... KeMbou signifie charbon en pullar, KeMpou signifie noir en vaï, KéMatou signifie complètement brûlé en mandjakou. Précisons que QeMaDo en portugais/espagnol est un emprunt historiquement explicable aux langues africaines et est, de ce fait, à rapprocher de l'égyptien KaMtou.

Le mot égyptien KaMa représenté graphiquement par un morceau de bois brûlant (donc, un charbon) dérive lui-même du radical bantou KaLa signifiant charbon, à l'instar du kikongo, du téké, du zigoula, du mbati, etc.... Notons que chez les Sémites (juifs et arabes) le mot QaLah signifie aussi grillé, brûlé.

En Inde, le mot KaLa signifie également noir en tamoul et la grande déesse noire vénérée depuis plus de 5000 ans se nomme KaLi.

Dans certaines régions d'Afrique, le mot KaLa évolua en GaLa à l'instar du topoke (en linguistique K = G). Précisons qu'en kikongo li-KaLa signifie Charbon au singulier, tandis que ma-KaLa signifie charbons au pluriel. D'autre part, en égyptien comme dans beaucoup de langues africaines, la lettre R se confond avec la lettre L (certains Noirs ne prononcent pas la lettre R) et sont représentées graphiquement en égyptien par une bouche. C'est ainsi que KaRa devient KaLa chez certains peuples africains, de même GaRa devient GaLa chez d'autres. Selon Hérodote, les Garamantes (GaRa-Mandé, GaRa-Mountou = Homme Charbon) étaient des Noirs habitant l'île de Crète et le Maghreb dans l'Antiquité (Histoire IV, 174, 183 à 184). Le pays du BenGaLe habité primitivement par des Noirs depuis 65 000 ans (les Jarawa) tire son nom des BanGaLa du Zaïre (nGaLa au singulier et BanGaLa au pluriel). Cette petite étude montre clairement que le radical KaRa ou KaLa, que le radical GaRa ou GaLa ou encore le radical KaMa servaient aux peuples noirs pour se désigner eux-mêmes »

Pour Mveng, c'est l'Afrique noire qui apparaît le berceau incontesté de ce que l'on appelle aujourd'hui

« monothéisme »[34], car dans le célèbre hymne du pharaon Aménophis IV - Akhnaton (1372 - 1354 av. notre ère), on peut lire des phrases comme « Ô Dieu unique qui n'a point un autre au-dessus de lui », « Tu es unique »[35]. Et Obenga dit : « Presque tous les auteurs admettent, de bonne foi, que l'hymne à Aton d'Aménophis IV - Akhnaton a pu inspirer des passages du fameux Psaume 104 de la Bible »[36].

Akhenaton du 14e siècle revalorise une conception attestée dans les Textes de pyramides de 3000 ans avant Jésus indiquant de façon claire la réalité d'une puissance

---

[34] MVENG E., *L'Afrique dans l'Église*, p. 156 - 157 ; cf. aussi *L'origine du Monothéisme chez les Hébreux est un mythe*, http : // www.africamaat.com (19/5/2012).
[35] Cf. OBENGA T., *La philosophie africaine de la période pharaonique*, p. 85 - 86.
[36] OBENGA T., *La philosophie africaine de la période pharaonique*, p. 89 ; basé sur une trentaine de comparaison Nillon conclut : « Aujourd'hui nous pouvons affirmer que le pharaon Akhenaton et le Moïse biblique ne sont qu'une seule et même personne. Mais en rédigeant, la Bible mille ans plus tard que les faits décrits dedans, les scribes se basèrent sur ce qu'avait retenu la tradition orale et pour le reste, ils laissèrent libre cours à leur imagination. Maintenant, que nous avons retrouvé le véritable Moïse, il nous est relativement facile de vous présenter la véritable Bible de celui - ci, et par conséquent la véritable religion », *Ceci est la véritable Bible de Moise/Akhenaton*, in http : // vuesdumonde.forumactif.com/t3402 - ceci - est - la - veritable - bible - de - moise - akhenaton (4 - 5 - 2013).

divine unique[37], inaccessible à l'esprit humain. « Dieu Grand, dont le nom est inconnu... »

Textes des pyramides (formule 456) : « Salut à toi, l'Unique »

Textes des Sarcophages : « Atum, son nom est l'Unique », « Dieu, l'Unique ». *Le Livre des Morts*, chap.15 affirme : « Toi, le Seigneur ! Toi, l'Unique »

Hymne à Aton : « Ô toi, le Dieu Unique, à part lequel il n'y en a pas d'autres ! » D'autres sources abondent dans le même sens : *Hymne aux mille strophes, papyrus Leiden ; papyrus Boulaq ; hymne à Osiris ; hymnes et prières à Râ.*

Nous constatons avec Nillon que plus de deux mille ans avant la Bible, la conception d'un principe initial antérieur à la création existait déjà en Égypte (Théologie de Memphite). De même, plus de deux mille ans avant la Bible, la création du monde est révélée telle que la concevaient les Égyptiens (Papyrus intitulé « Enseignement du Roi de la Haute et de la Basse - Égypte à son fils Mérikaré »). Le Petit et le Grand Hymne

---

[37] *L'origine du Monothéisme chez les Hébreux est un mythe*, in http : // www.africamaat.com (19/5/2012)

d'Akhenaton contiennent le fondement de la religion biblique actuelle[38].

---

[38] *L'origine du Monothéisme chez les Hébreux est un mythe*, in http : // www.africamaat.com (19/5/2012), in http : // scorpiondu75.skyrock.com/1812175722 - L - origine - du - Monotheisme - chez - les - Hebreux - est - un - mythe.html (16 - 5 - 2013) ; dans les Colonne 1 et 3 de l'hymne d'Akhenaton on lit :
Colonne 1
DOUA (adoration) : ONKI (vive) RA (soleil) HoR (étoile > astre) AKATI (deux voies abstraites > deux horizons) HAI (rayonnant > éclatant) Mo (dans) AKAT (voie abstraite > horizon) Mo (en) RiNa (nommer > appeler) eF (lui) Mo (dans) SO (moment > instant) Ne - TI (qui) Mo (dans) AToNa (cercle) ONKi (vie) JuuTi (longue) HoHo (infini > éternel > vieux) AToNa (cercle) ONKi (vivant) ORO (grande) HemBa (victoire > triomphe > fête) SeD (cesser de vivre > mise à mort) NaBa (maître) SeNNu (contour) NaBa (maître) AToNa (cercle) NaBa (maître) PouTj (sommet > ciel) NaBa (maître) TO (terre) NaBa (maître) Na (de) PeR - AToNa (clôture du cercle) Mo (dans) AKAT - AToNa (voie abstraite du cercle > horizon du cercle) SeuT - BiTi (petit - fils du dehors > enfant naturel) ONKi (vivant) Mo (en) MaT (juste) NaBa (maître) TAWE (étendues de terre > empire) NaFooRe (bienfaisante) HEPI (ouvrir les yeux > prendre conscience > exister) RA (soleil) Wa (unique) Na (du) RA (soleil) SA - RA (enfant du soleil > prince) ONKi (vivre) Mo (en) MaT (juste) NaBa (maître) SAIOU (couronner) AKou - Na - AToNa (esprit lumineux du cercle) yAA (largesse > généreux) Mo (en) AKAOU (temps) eF (lui) HuMi (attachée > épouse) SeuT (petit - fils) ORo (grand) MARi (amour > lécher) eF (lui) NaBi (maîtresse) TAWE (étendues de terre > empire) NaFooRe (bienfaisante) NaFoLO (richesse) AToNa (cercle) NaFooRe Ya - TA (bienfaisante tu es venue) ONKi (vivante) eSoNBê - TA (tu

es jeune) RoNPI - TA (tu es cette année) JuuTi (longue) HoHo (infini > éternel > vieux)

Traduction : Adoration Vive le Soleil, l'étoile des deux horizons rayonnant à l'horizon en l'appelant au moment où il est dans le Cercle, longue vie, éternelle. Grand Cercle vivant triomphant de la mise à mort, Maître de l'Univers, Maître du Cercle, Maître du Ciel, Maître de la Terre, Maître de la Maison du Cercle dans Akatatona. Le petit - fils du dehors vit en juste, le Maître de l'Empire Nafoore hépira Wanara, le prince vit en juste, le Maître couronné Akounaatona, généreux en son temps. L'épouse du petit - fils, son grand amour la Maîtresse de l'Empire Nafoore Nafolo Atona Nafoore Yata. Vis, car tu es jeune, tu es cette année longue, éternelle !

Commentaire : La véritable Bible commence en réclamant l'adoration de l'astre solaire à son lever et à son coucher. Cet astre triomphant quotidiennement de la mort c'est lui le Maître de l'Univers, le Maître du Ciel et de la Terre. Après la présentation de Dieu, on nous présente un couple considéré comme sa représentation sur Terre : le pharaon Akhenaton et la reine Néfertiti. En effet, le petit hymne d'ATONA dans la tombe de Apy, colonne 4, dit ceci de Dieu : NToK (toi) Maa (mère) ATeF (correcteur > père) Na (de) IRI (création) Ka (toi), c'est - à - dire qu' ATONA notre Dieu est à la fois Femelle et Mâle. Ceci est une notion très ancrée chez les kamites, où l'on parle volontiers d'androgynie, de gémellité, de dualisme. Cette révélation sur la nature double et indivisible de Dieu sera reprise mille ans plus tard dans la Bible Genèse 1 : 27. D'ailleurs, tout l'Univers est basé sur ce principe du dualisme : Mâle et Femelle, Noir et Blanc, Chaud et Froid, Visible et Invisible, Haut et Bas, Mal et Bien... Notre véritable Bible met bien en évidence ce dualisme en alternant les passages relatifs à la Lumière et ceux relatifs aux Ténèbres. N.B., le même mot DUA signifie « prière » en langue turque moderne.

Colonne 3 :

WA (être) Ka (toi) Mo (dans) RA (soleil) NAOU (porter) Ka (toi) ReRA (extrémités) SeN (eux) WOF (courber > plier) Ka (toi) SeN (eux) Ro (pour) SA (enfant) MAR (aimer > lécher) Ka (toi) WA (être) Ka (toi) WAy - TA (tu es éloigné) SeTOU (rayons) Ka (toi) HuuR (sur) TO (terre) TOU - Ka (tu es) Mo (dans) HooRe (tête) SeN (eux) BOU - WoN (ne pas voir) SeM (partir > départ) Ka (toi) TiP (poignée de nourriture > reposer) Ka (toi) Mo (dans) AKaT (voie abstraite > horizon) MuNNaTa (qui fait coucher > qui fait goûter) TO (terre) Mo (dans) KouK (ténèbres > ténébreux > très noir) Mo (en) SoKLa (projet) Na (avec) MoT (mort) SeDeR (coucher > dormir) Mo (en) DaP (faire des libations) TiBa (toit > tête) HaBaS (couvrir) NA (aucune) PeRe (vision) Na (avec) IRI (oeil) NOUT (autre) SA (si) TjAO (dérober) KeT (affaires > choses) SeN (eux) NiBi (toutes) WA (être) KuuR (sous) TiBa (toit >tête) SeN (eux) NA (aucun) MA (comprendre) SeN (eux)

Traduction : Tu es dans le Soleil, tu portes leurs extrémités, tu les courbes pour ton enfant que tu aimes. Etant toi, tu es éloigné, mais tes rayons sont sur Terre. Tu es dans leur tête, mais ils ne voient pas ton départ. Tu reposes à droite de l'horizon et la Terre est dans les ténèbres en projet avec la mort. Dormant en faisant des libations le toit couvert aucune vision de l'autre avec l'œil. Si on dérobait toutes leurs affaires qui sont sous leur toit aucun d'eux ne comprendrait.

Commentaire : « Cet hymne nous révèle que Dieu est dans le Soleil, c'est - à - dire qu'il n'est pas à proprement parler le Soleil lui - même, mais un autre cercle interne à savoir : le noyau solaire, source de l'énergie électromagnétique de ce dernier. Cette révélation sera reprise mille ans plus tard dans la Bible (Nombres 25 : 4). En tant qu'énergie électromagnétique, Dieu est effectivement Mâle et Femelle, c'est - à - dire Pôle positif et Pôle négatif, plus et moins, phase et neutre. Notons aussi, qu'on ne peut pas séparer le pôle plus du pôle moins d'un aimant, il en est de même de notre Dieu », *Ceci est la véritable Bible de Moise/Akhenaton*, in http : // vuesdumonde.forumactif.com/t3402 -

Même si l'on trouve un nombre élevé de dieux en Égypte ancienne[39], un regard critique sur la cosmogonie Égyptienne montre une grande évolution sur la conception religieuse en Égypte[40] :

> *« Les Égyptiens ne concevaient pas les dieux autrement conformés que leurs créatures : ils leur attribuaient un corps, une ou plusieurs âmes comme à l'humain, des besoins, des passions en un mot la vie. Ils naissaient et mouraient, se mariaient et s'engendraient, se haïssaient et se faisaient la guerre comme les humains. Il est vrai qu'ils ne mouraient jamais complètement; mais cela ne leur constituait pas une immunité, car l'humain avait le même droit à la résurrection et l'obtenait par l'accomplissement de certaines formalités dont les dieux ne pouvaient non plus s'abstenir : On ne saurait nier pourtant que les*

---

ceci - est - la - veritable - bible - de - moise - akhenaton (4 - 5 - 2013) ; « Dieu est associé aux phénomènes naturels ; le ciel est sont habitation. Le soleil n'est jamais considéré comme une divinité », M. DAL CORSO, *Religioni tradizionali. L'Africa e l'America Latina*, EMMI, Bologna 2013, p. 56.

[39] Cf. http : // www.cosmovisions.com/$Religionegyptienne.htm (26 - 7 - 2014) ; BENDERITTER T, *Akhenaton et la religion d'Aton*, in http : // www.osirisnet.net/docu/akhenat/akhen3.htm (03 - 01 - 2015).

[40] Cf. http : // www.cosmovisions.com/$Religionegyptienne.htm (26 - 7 - 2014) ; BENDERITTER T, *Akhenaton et la religion d'Aton*, in http : // www.osirisnet.net/docu/akhenat/akhen3.htm (03 - 01 - 2015).

textes dès le Moyen Empire nous mettent en présence de conceptions religieuses d'un ordre assez élevé : Amon, par exemple, y reçoit les titres de dieu suprême, unique maître de l'éternité, qui rappelle le Yahveh de l'hénothéisme hébraïque à la même époque...

L'influence exercée par l'école d'Héliopolis sur les croyances de l'Égypte ne s'est pas seulement manifestée par la diffusion de sa cosmogonie et de son ennéade, mais aussi par la prépondérance à laquelle arriva son dieu solaire dans tous les sanctuaires de l'Égypte. Il semble en effet que Râ (Rê) soit devenu le dieu égyptien par excellence. Tous les dieux-chefs d'ennéades se transformèrent à son exemple en soleils ; ceux-là mêmes dont le caractère originel s'était le moins effacé comme Khnoum, qui était un dieu comme Ptah, qui était un dieu Terre, etc. Amon lui-même ne put faire accepter sa prépondérance à l'époque de l'hégémonie thébaine qu'en se confondant avec Râ. Le nom du dieu d'Héliopolis entra en composition avec un grand nombre de noms divins. Amon-Râ, Knoum-Râ, Sebek-Râ, etc. Râ ayant le titre de père de tous les dieux, ses imitateurs l'usurpèrent. Celui de fils de Râ fut pris de la même façon par les pharaons, dès les premiers temps de la monarchie. L'identification de toutes les divinités locales avec le soleil est un fait capital dans l'histoire des religions de l'Égypte ».

I.2.1. Monothéisme hiérarchique d'Akhénaton

Le roi et la reine ont tous deux entre 17 et 18 ans et ils ont modifié leurs noms. Aménophis IV est maintenant devenu Akhenaton, Akh-n-Itn, « Celui qui est utile à Aton » (on a aussi proposé, mais cela semble moins correct, « La radiance d'Aton ») et il modifie un autre de ses noms de titulature en « Neferneferouré-Ouaenré » c'est-à-dire « Parfaites sont les perfections de Râ, l'Unique de Râ », et la reine Néfertiti s'appelle maintenant Neferneferouiten - Neferetiti, « Parfaites sont les perfections d'Aton - La belle est venue ». Akhenaton n'a hélas pas laissé de texte sacré canonique. Son « enseignement » à ses fidèles était surtout oral, aidé par des images mnémoniques[41].

Nous pouvons néanmoins nous faire une bonne idée de ses conceptions religieuses grâce d'une part à l'explicitation qu'il a donné des noms du dieu Aton et, d'autre part, à deux séries d'hymnes, que l'on trouve gravés dans les tombes des courtisans à Tell El Amarna.

I.2.1.1. Les noms

Akhenaton attache une très grande importance au nom qu'il a forgé - sur le modèle d'une titulature pharaonique,

---

[41] T. BENDERITTER, *Akhenaton et la religion d'Aton*, in http : // www.osirisnet.net/docu/akhenat/akhen3.htm (03 - 01 - 2015).

chose tout à fait inhabituelle - pour le dieu Aton. En effet le nom exact du dieu n'est pas Aton, qui est une abréviation. Les textes parlent de Pa-Iten-Ankh, c'est-à-dire « L'Aton vivant », le Disque vivant. On remarque l'utilisation de « pa », article défini pour « L' ». Mais ceci n'est encore que l'abréviation d'un nom officiel et didactique beaucoup plus long, véritable explication théologique[42].

Ainsi de l'an 1 à l'an 9 du règne[43], ce sera « Ra-Horakhty-qui-se-réjouit-dans-l'horizon-en-son-nom-de-Shou-qui-réside-dans-le-disque ». On voit figurer dans ce nom « développé « de l'Aton les noms de trois autres divinités classiques de l'Égypte, toutes à connotation solaire : Ra, le grand dieu soleil, le faucon Horus qui en est la manifestation figurative classique, et le dieu Shou qui représente l'air, l'espace entre ciel et terre. Ensuite on peut remarquer que, pour la première et la dernière fois en Égypte, les noms divins sont inclus dans des cartouches, ce qui était exclusivement réservé au pharaon. La signification est claire : Aton gouverne le monde comme un pharaon d'Égypte le fait du Double-Pays. Et c'est une manière de proclamer la consubstantialité d'Akhenaton et du dieu dont il est l'émanation : la royauté d'Aton dans le ciel est de même nature que celle d'Akhenaton sur terre. On peut considérer qu'il y a corégence entre Aton et Akhenaton.

---

[42]BENDERITTER T, *Akhenaton et la religion d'Aton*, in http : // www.osirisnet.net/docu/akhenat/akhen3.htm (03 - 01 - 2015).
[43] BENDERITTER T, *Akhenaton et la religion d'Aton*, in http : // www.osirisnet.net/docu/akhenat/akhen3.htm (03 - 01 - 2015).

Après l'an 9 et jusqu'à la fin du règne, Akhenaton change le nom du dieu en même temps qu'il radicalise sa politique, mais sans changer de doctrine en faisant disparaître la forme animale du faucon Horus et le nom du dieu Shou, ne laissant subsister que Râ[44].

Ce gouvernement du monde par l'Aton-roi est également manifesté par l'iconographie du dieu. On ne sait quel génial théologien a imaginé le célèbre aspect du disque rayonnant, mais cette extraordinaire idée de représentation illustre parfaitement le propos[45] : les rayons issus du disque se terminent par des mains et descendent sur toute la création. Ils embrassent l'univers entier auquel ils donnent vie par l'intermédiaire du couple royal, lequel est toujours le seul à recevoir le signe de vie ankh.

I.2.1.2. Les hymnes

Outre le nom développé du dieu, deux séries d'Hymnes à Aton nous sont parvenues, gravées sur les parois de tombes de hauts dignitaires[46]. Le *Grand Hymne à Aton* n'existe qu'à un seul exemplaire, gravé dans le

---

[44] BENDERITTER T, *Akhenaton et la religion d'Aton*, in http : // www.osirisnet.net/docu/akhenat/akhen3.htm (03 - 01 - 2015).
[45] BENDERITTER T, *Akhenaton et la religion d'Aton*, in http : // www.osirisnet.net/docu/akhenat/akhen3.htm (03 - 01 - 2015).
[46] BENDERITTER T, *Akhenaton et la religion d'Aton*, in http : // www.osirisnet.net/docu/akhenat/akhen3.htm (03 - 01 - 2015).

couloir d'entrée de la tombe d'Ay, tandis qu'on connaît 5 exemplaires du *Petit Hymne à Aton*.

Ces hymnes, pour originaux qu'ils soient, ne sont cependant pas entièrement nouveaux dans leur inspiration. Pour Benderitter, ceux qui fréquentent l'Égypte pharaonique savent qu'il s'agit de textes parmi les plus célèbres de toute l'ancienne Égypte et, comme il est fréquent, cette célébrité alimente indirectement des idées reçues ou des rêves parfois bien éloignés de la réalité de la source. Même si l'on ne sait pas qui a rédigé ces hymnes à Aton, Benderitter pense que c'est peut-être le roi lui-même. Avec Benderitter nous pensons que les hymnes en question sont le reflet de la doctrine officielle. Ils s'adressent à trois personnes : au dieu Ra-Horakhty d'abord, dont Aton est la manifestation visible, mais aussi à Akhenaton et à Néfertiti mêlant inextricablement la louange divine à l'éloge royal.

Les hymnes traitent successivement de deux thèmes : le cycle quotidien du soleil, et la révélation du dieu à son fils Akhenaton. Ces hymnes prennent la forme de poèmes rédigés maintenant en langue vernaculaire. Akhénaton a en effet élevé la langue parlée du Nouvel Empire en un nouveau langage écrit. Il s'agit là d'une évolution importante (et qui perdurera) puisque jusque-là, les textes canoniques, et en particulier ceux gravés dans les tombes ou sur les parois des temples étaient rédigés en moyen-égyptien, langue qui n'avait plus cours depuis des siècles (pensons au latin dans nos églises...). Ce changement dénote le souci général de naturalisme qui guide la nouvelle religion, puisque Akhenaton ordonne que désormais tous les textes soient rédigés dans la langue courante que nous appelons néo-égyptien[47].

Pour Benderitter, les Hymnes étaient probablement des textes liturgiques destinés à être récités ou psalmodiés lors du culte dans les temples de la capitale. Ce sont des textes dont la haute élévation spirituelle est incontestable[48] :

> « *Que ton apparition est belle, Aton vivant, seigneur de l'éternité !*
> *Quand tu es éblouissant, radieux, puissant,*
> *ton amour est majestueux et grand !*
> *Tes rayons éclairent tous les visages,*
> *ton teint étincelant vivifie les cœurs, car tu as empli le Double Pays de ton amour,*
> *dieu auguste qui t'es formé toi-même !*
> *Toi qui as fait l'univers et créé tout ce qui s'y trouve hommes, troupeaux et tous les animaux*
> *tous les arbres qui poussent sur le sol vivent quand tu te lèves pour eux.*
> *Tu es la mère et le père de ceux dont tu as fait les yeux*

---

[47] BENDERITTER T, *Akhenaton et la religion d'Aton*, in http : // www.osirisnet.net/docu/akhenat/akhen3.htm (03 - 01 - 2015).
[48] BENDERITTER T, *Akhenaton et la religion d'Aton*, in http : // www.osirisnet.net/docu/akhenat/akhen3.htm (03 - 01 - 2015).

Quand tu te lèves, ils voient grâce à toi
Dès que tes rayons ont éclairé le pays entier,
Tous les cœurs exultent de te voir
Car tu es apparu comme leur seigneur.

I.2.1.3. La démythologisation du grand drame cosmique nocturne

Nous retenons qu'Aton, qui s'est créé lui-même, tient entièrement sous sa dépendance la vie du monde, qu'il renouvelle quotidiennement la création dont il est « père et mère ». Il n'y a plus de « première fois » pour la création, cet aspect n'est jamais évoqué dans la théologie amarnienne. Le monde est recréé chaque jour - dans la journée - par le disque, lequel n'a aucune existence ou nature cachée[49] (cf. Jn 5, 17 : Mon Père est toujours à l'œuvre, dira Jésus). Ici, apparait, le point fondamental de rupture entre les conceptions religieuses traditionnelles et la conception amarnienne : la démythologisation. C'est dans cette négation du fait qu'il se passe quelque chose la nuit et dans ses conséquences que réside vraiment la nouveauté amarnienne. Avant on pensait que la réapparition du soleil chaque jour ne pouvait avoir lieu qu'après un gigantesque conflit dans le monde de l'Au-

---

[49] BENDERITTER T, *Akhenaton et la religion d'Aton*, in http : // www.osirisnet.net/docu/akhenat/akhen3.htm (03 - 01 - 2015).

delà[50]. Le soleil du jour, après avoir perdu sa radiance, se couchait et continuait son périple nocturne dans sa barque en se rechargeant progressivement en énergie. Mais dans ce trajet nocturne, pensaient les anciens Égyptiens, il devait affronter toutes sortes d'ennemis redoutables qui essayaient de faire chavirer la barque solaire et d'empêcher la renaissance du soleil au matin. C'est de cette manière imagée que les Égyptiens avaient exprimé la tendance à la désorganisation spontanée du monde, nommée l'entropie. Pour aider le soleil à gagner chaque jour son combat, il fallait l'action combinée du roi rendant les cultes appropriés et des dieux, il fallait que règne la Maat[51]. C'est donc grâce au culte que le soleil reprenait de l'énergie.

Dans la nouvelle religion[52], tout cet aspect dramatique de la course solaire disparaît. Il n'y a plus d'Apophis ni de barque divine. Le soleil réapparaîtra obligatoirement, mécaniquement, demain comme il est apparu aujourd'hui. Que l'on fasse quelque chose ou que l'on ne fasse rien, il sera là, les jours et les saisons s'écouleront.

---

[50] BENDERITTER T, *Akhenaton et la religion d'Aton*, in http : // www.osirisnet.net/docu/akhenat/akhen3.htm (03 - 01 - 2015).
[51] BENDERITTER T, *Akhenaton et la religion d'Aton*, in http : // www.osirisnet.net/docu/akhenat/akhen3.htm (03 - 01 - 2015).
[52] BENDERITTER T, *Akhenaton et la religion d'Aton*, in http : // www.osirisnet.net/docu/akhenat/akhen3.htm (03 - 01 - 2015).

Le soleil a désormais une trajectoire non cyclique, qui s'interrompt la nuit, comme la vie qu'il véhicule à lui tout seul. Le Grand Hymne le dit clairement :

« Te lèves-tu qu'ils (les hommes) vivent, te couches-tu qu'ils meurent.

Tu es l'existence par toi-même, c'est de toi que l'on vit ; dès que tu te couches dans l'horizon occidental, le pays est plongé dans les ténèbres, en état de mort ».

La nuit c'est pour les hommes l'expérience de la mort. Toute la vie du monde se passe le jour, la nuit est considérée comme un état de non-vie où il ne se passe rien, qui ne sert à rien. Néanmoins le roi précise que l'astre reste vivant dans son cœur.

Mais le voyage nocturne traditionnel du soleil avait une autre fonction majeure, précise Benderitter : réanimer les défunts dans la Douat, leur rendre la vie pendant le temps de son périple. Supprimer ce rôle, c'est *ipso facto* nier l'existence de tout le système traditionnel imaginé pour que les défunts aient une nouvelle vie dans l'au-delà. Benderitier note qu'Osiris, le dieu traditionnel des morts justifiés et régénérés n'a plus de place dans le nouveau système et disparaît. Pour Akhénaton, soupçonne Benderitter, il n'y a pas d'autre réalité ni d'autre vie que celle, physique, baignée par les rayons d'Aton (comparer avec la religion de la Bible sur la situation des morts Ps 115, 17 ; Is 38, 18-19).

I.2.1.4. La Maat traditionnelle est remise en question

La Maat n'a pourtant pas disparu, elle a en fait changé de nature. Certes elle est devenue une vision optimiste du monde, mais mécanique, implacable. Maintenant la Maat n'est plus l'œuvre collective de mise en ordre du monde que le roi doit présenter aux dieux. Elle est partout, immuable, et seul le roi interprète sa volonté, note Benderitter[53]. En fait, maintenant la Maat, c'est Akhenaton lui-même ! Ainsi tous ses gestes et paroles deviennent sacrés, et les courtisans s'adressent à lui en le nommant « mon soleil », où comme dans la lettre d'Amarna N°138 « le soleil de tous les pays ». Akhenaton change de ce fait la nature même de la royauté égyptienne qui est maintenant un absolutisme sans limites, comme jamais le pays n'en a connu ni n'en connaîtra après lui, renchérit Benderitter. Ce qui doit faire mettre aux oubliettes cette légende tenace d'un roi doux, faible et pacifiste, poète rêveur imprégné d'amour pour toute l'humanité : elle est un contresens historique, pense Benderitter.

I.2.1.5. L'universalisme d'Aton

Ceci n'empêche pas les Hymnes de représenter de magnifiques morceaux littéraires, notamment par

---

[53] BENDERITTER T, *Akhenaton et la religion d'Aton*, in http : // www.osirisnet.net/docu/akhenat/akhen3.htm (03 - 01 - 2015).

l'approche universaliste qu'on y trouve pour la première fois :

> « *Astre du jour, grand de prestige, toutes les contrées lointaines, tu les fais vivre, tu as placé le Nil dans le ciel pour qu'il tombe sur elles... le Nil du ciel tu le donnes aux contrées étrangères, tandis que le Nil vient de la Douat pour le pays d'Égypte. Les langues sont différenciées et les races de même et les peaux séparées pour distinguer les peuples* ».

Ainsi, pour Benderitter, Aton est présenté comme un dieu universel, mais Akhenaton lui-même est toujours resté un pharaon d'Égypte et n'est jamais devenu un prophète pour toute l'humanité. Akhenaton est le « Seigneur des deux terres », tandis qu'Aton est « seigneur du monde ». Alors Benderitter se demande si le roi avait vraiment l'intention d'imposer le culte d'Aton dans toute l'Égypte ? En tout cas, cela n'est écrit nulle part, constate-t-il. Le texte sur les pays étrangers se poursuit par :

> « *Tes rayons encerclent les pays jusqu'aux limites de toute ton œuvre, étant Râ, tu atteints leurs limites, afin de les subjuguer pour ton fils aimé* ».

Pour Bendeitter, on peut voir dans cette dernière phrase les limites de ce message universaliste : Aton est bien le dieu qui gouverne le monde, y compris les pays étrangers et les ennemis traditionnels de l'Égypte, mais ceux-ci continuent à être considérés exactement comme avant. Et ainsi les scènes rituelles très classiques où l'on voit le roi (ou la reine) massacrer lesdits ennemis sont représentées à l'identique. Benderitter précise qu'il s'agit de scènes prophylactiques, à visée magique, sans rapport avec la réalité, mais elles sont toujours présentes.

Certains déduisent de ces textes et du non-interventionnisme militaire du roi Akhenaton qu'il était un souverain philosophe et pacifiste[54].

En revenant encore sur les Hymnes, on y est frappé par le lyrisme[55] qui se poursuit par la louange du créateur : au matin, quand Aton se lève, la terre redevient habitable et est en fête, hommes, animaux et plantes rendent hommage au créateur par leur activité renouvelée. C'est Aton qui tient toute vie sous sa dépendance puisqu'« *il produit les germes chez les femmes et change la semence en être humain* ». C'est aussi lui qui donne le souffle de vie, aussi bien à l'enfant dans le sein de sa mère qu'à l'oisillon dans son œuf, nous renseigne Benderitter. À la fois lointain et proche, Aton est celui qui prend des millions de formes à partir de son unicité, précise Benderitter.

---

[54] BENDERITTER T, *Akhenaton et la religion d'Aton*, in http : // www.osirisnet.net/docu/akhenat/akhen3.htm (03 - 01 - 2015).
[55] BENDERITTER T, *Akhenaton et la religion d'Aton*, in http : // www.osirisnet.net/docu/akhenat/akhen3.htm (03 - 01 - 2015).

I.2.1.6. Le naturalisme amarnien

Cette religion d'Aton apparaît comme une religion naturaliste[56], de contemplation de la nature, œuvre du créateur solaire unique. Ainsi, lorsqu'Aton se lève, on nous dit :

> « *Arbres et plantes verdoient, les oiseaux se sont envolés de leurs nids et tous les animaux dansent sur leurs pattes, le pays entier fait son travail* ».

Avec Benderitter, nous remarquons ici s'exprimer un contexte optimiste : toute la nature est une œuvre du créateur, et elle est donc intrinsèquement bonne. On considère que l'ordre voulu par le créateur est l'ordre naturel des choses, et qu'il n'y a pas de raison de le modifier. Ceci explique le style si particulier des représentations amarniennes. Non seulement on n'idéalise plus les représentations comme avant, mais on n'essaie plus de cacher les défauts et même on les accentue, insiste Benderitter. C'est une théodicée avant le mot.

Benderitter note des scènes de la vie quotidienne inouïes ! On voit, par exemple, le couple royal en train de manger, ou tenant sur les genoux leurs petites filles et les embrassant. On remarque toutefois que les canons

---

[56] BENDERITTER T, *Akhenaton et la religion d'Aton*, in http : // www.osirisnet.net/docu/akhenat/akhen3.htm (03 - 01 - 2015).

généraux de la figuration égyptienne restent respectés notamment la perspective couchée, qui font qu'on reconnaît du premier coup d'œil ces scènes comme égyptiennes. De plus vers la fin du règne les outrances des débuts sont abandonnées, constate Benderitter ; les modèles qu'on a retrouvés chez les ateliers de sculpteurs donnent une vraie image du roi et de la reine tandis que la dolichocéphalie reste parfois présente, précise Benderitter.

I.2.1.7. Le rôle du roi

La fin des hymnes parle du rôle lui-même[57] :

> « *Disque vivant qui se plaît au ciel chaque jour pour enfanter son noble fils l'unique de Râ, et ce, à son image, sans un instant de cesse, il n'est personne qui te connaisse excepté ton fils Akhenaton dont tu as fait qu'il soit conscient de ton dessein et de ta puissance* ».

Et il conclut :

> « *Tous ceux qui s'agitent depuis que tu as fondé le pays, tu les dresses pour ton fils issu de ta chair, le roi de Haute et Basse Égypte Akhenaton et pour la grande épouse royale, son aimée, la maîtresse du Double Pays, Néfertiti* »

---

[57] BENDERITTER T, *Akhenaton et la religion d'Aton*, in http : // www.osirisnet.net/docu/akhenat/akhen3.htm (03 - 01 - 2015).

Pour Benderitter c'est extrêmement clair que le roi est le seul intercesseur divin, le seul à avoir reçu la révélation d'Aton et qui puisse la transmettre.

On pourrait faire un rapprochement pertinent entre cet hymne et l'Évangile qui décrit Jésus, le Fils comme l'unique qui connaît et qui révèle le Père : « Tout m'a été confié par le Père ; personne ne connaît le Fils, sinon le Père, et personne ne connaît le Père, sinon le Fils, et celui à qui le fils veut le révéler »[58] ou « personne n'a jamais vu Dieu, le Fils unique, qui est dans le sein du Père, celui qui a conduit à le connaitre[59] ».

Benderitter remarque que dans la nouvelle capitale, plusieurs temples dédiés exclusivement à Aton y sont bâtis, dont le grand temple, le principal. Il s'appelle « Gem-pa-Aton », c'est-à-dire « Trouver » ou « Rencontrer l'Aton ». Il est très différent des temples dédiés à cette époque aux autres divinités, notamment à Amon. Mais il n'est pas d'un style entièrement nouveau, car il est assez proche des temples solaires de la Vème dynastie, quelques 9 siècles auparavant. Ce rapprochement avec la Vème dynastie fait par Benderitter, est encore prouvé par l'étude faite par Benoit Lurson sur la chaussée montante du complexe pyramidal d'Ounas (dernier roi de cette dynastie) :

---

[58] Cf. Mt 11, 28-30
[59] Cf. Jn 1, 18.

« J'ai vraiment été frappé par la grande ressemblance entre certaines scènes de cette chaussée (qui, de surcroît, s'inscrivent dans un répertoire commun aussi aux autres chaussées montantes de l'Ancien Empire) et celles qui montrent la cour rassemblée et prosternée autour d'Akhenaton. Je pense qu'il serait très intéressant de voir plus en détail si ces compositions d'Ancien Empire ont pu inspirer les artistes d'Akhenaton ».

Benderitter, nous renseigne que dans un temple traditionnel, le cheminement se faisait de la lumière vers l'ombre, vers le Saint des Saints où reposait la statue du dieu. Il remarque qu'au temple d'Aton tout est à ciel ouvert, afin que l'énergie vivifiante des rayons d'Aton puisse se répandre sur les centaines d'autels en plein air qu'on avait couverts d'offrandes animales, végétales et de fleurs et où le culte journalier était célébré.

C'est Akhenaton et Néfertiti eux-mêmes qui rendaient le culte au soleil levant chaque matin[60]. Et l'on peut voir des représentations du roi humblement prosterné devant la divinité qu'il a seul le droit de vénérer sans intermédiaire. Il existe toujours des prêtres, et même un grand prêtre d'Aton, mais ils ne participent plus directement à l'offrande, à l'entretien de la puissance divine, remarque Benderitter. Les prêtres sont prosternés pendant le culte

---

[60] BENDERITTER T, *Akhenaton et la religion d'Aton*, in http : // www.osirisnet.net/docu/akhenat/akhen3.htm (03 - 01 - 2015).

devant le couple royal (et non devant la divinité), leur rôle est purement administratif : ils gèrent matériellement le domaine d'Aton. C'est tout. On les appelle d'ailleurs « Domestiques du dieu ». Avec Benderitter, nous constatons que le sens de l'offrande a radicalement changé, car elle ne sert plus à entretenir, à renouveler la vie divine chaque jour, mais est devenue une action de grâce. On offre à Aton une partie de sa création en signe de reconnaissance de sa bonté. C'est pratiquement l'idée qu'on retrouvera dans le culte biblique mille ans plus tard.

Pour Benderitter, l'apparition du roi à la fenêtre d'apparition enjambant la voie processionnelle principale est assimilée à l'apparition d'Aton dans le ciel. Ensuite, la sortie processionnelle du roi lorsqu'il quitte son palais pour se rendre au temple avec la reine serait l'équivalent du lever d'Aton. Le roi et la reine sont toujours représentés montés sur un char et escortés de policiers et de militaires. Ces déplacements en char tiré par deux chevaux rendent compte d'un aspect important du symbolisme cher au souverain : le mouvement. Akhénaton et Néfertiti se déplacent sur leur char comme Aton dans le ciel et apportent le souffle de vie. Pour Benderitter, ce mouvement du couple royal remplace les anciennes processions traditionnelles des autres dieux et notamment d'Amon lors des grandes fêtes. Il en indique une grande différence, car ici, il n'y a plus d'oracles, le dieu d'Akhenaton est un dieu silencieux dont seul le roi est habilité à révéler la volonté. Plus de vrais prêtres, plus d'oracles... Benderitter conclut qu'Akhenaton a trouvé là un moyen très efficace d'empêcher toute critique de son action politique !

Benderitter remarque également que la pratique de la magie, si importante dans la religion traditionnelle, disparaît dans le système amarnien. On peut constater que le roi n'est pas du tout le personnage faible et mou que certains se sont plu à imaginer[61]. Pour tenter d'imposer à l'Égypte des réformes si contraires à ses traditions, pour étouffer toute velléité de résistance dans le pays, pense Benderitter, il fallait une main de fer, et dans un gant de plomb. Benderitter tire cette conclusion de l'observation de l'attitude de tous les personnages face au roi : jamais en Égypte on ne voit autant de gens courbés devant leur maître, ni autant de militaires et de policiers représentés. Benderitter précise que c'est aussi à Amarna qu'on a retrouvé la plus grande caserne de police de l'Égypte ancienne. Le choix de l'emplacement de la capitale est également sans équivalent, avec ce cirque rocheux qui entoure la ville de toute part sauf du côté du Nil, constituant une protection naturelle[62].

Benderitter tire une autre conclusion sur la conséquence du nouveau culte : le nouvel ordre du monde est immuable, dit-il, et le roi est seul à le fixer. Et ainsi disparaît la nécessité pour les hommes d'adopter une attitude conforme à la Maat. Il faut maintenant une attitude conforme à la volonté du roi ! De même, les statues

---

[61] BENDERITTER T, *Akhenaton et la religion d'Aton*, in http : // www.osirisnet.net/docu/akhenat/akhen3.htm (03 - 01 - 2015).
[62] BENDERITTER T, *Akhenaton et la religion d'Aton*, in http : // www.osirisnet.net/docu/akhenat/akhen3.htm (03 - 01 - 2015).

auxquelles les Égyptiens avaient de tout temps rendu un culte comme étant les hypostases où leurs dieux se manifestaient disparaissent[63]. Akhenaton est très clair sur ce point : Benderitter signale que dans une harangue aux courtisans datant du début du règne, le roi dit expressément qu'il s'agit d'idoles de pierre sans aucune valeur[64]. On imagine l'effet ! Dans sa religion, nul besoin de statue puisque le soleil est visible par tous. Benderitter remarque que les seules représentations iconiques admises dans la religion d'Akhenaton sont celles du disque rayonnant et du couple royal, statues vivantes. Alors chez les particuliers ce sont des effigies du couple royal qui vont remplacer les statues devenues inutiles[65]. On en a retrouvé plusieurs exemples dans les maisons d'Amarna, dans de petits autels domestiques. Le culte des particuliers ne pouvant s'adresser directement au Dieu, c'est à ces effigies qu'il était rendu[66]. Cette révolution d'Akhenaton trouve des similitudes dans la religion biblique dont l'artisan important est Moïse.

---

[63] BENDERITTER T, *Akhenaton et la religion d'Aton*, in http : // www.osirisnet.net/docu/akhenat/akhen3.htm (03 - 01 - 2015).
[64] Comparer à Is 45 ; Sg 13 - 15
[65] http : // www.osirisnet.net/docu/akhenat/akhen2.htm © OsirisNet (11 - 12 - 2014).
[66] http : // www.osirisnet.net/docu/akhenat/akhen2.htm © OsirisNet (11 - 12 - 2014).

Selon Nillon[67] et Freud, Moïse était un prêtre renégat, disciple du Pharaon Akhénaton. En 1939, Freud popularise cette thèse. Depuis, les chercheurs ont constaté de nombreuses similitudes entre la religion mosaïque (différente du judaïsme) et le culte d'Aton.

On note comment Nillon[68] tente avec patience et abnégation de délier les différents épisodes de l'histoire fondatrice des juifs, mal objectivée par le récit d'un Exode que l'on ne retrouve pas dans l'histoire égyptienne écrite, il ré-tricote le fil des discontinuités insinuées par les anachronismes d'un texte loin d'être homogène encore moins rédigé d'une seule main. Souscrivant à la théorie documentaire et syncrétique, Nillon retrouve les différentes sources et traditions qui composent l'archéologie des textes bibliques qui en seront l'assemblage postérieur.

Son attention porte sur la chronologie dans une optique comparative des différentes sources, la numismatique étant d'un recours précieux pour fixer le cadre spatio-temporel des faits historiques. Il aboutit à une datation de la rédaction

---

[67] P. NILLON, *Moïse l'Africain. La véritable histoire de Moïse*. Menaibuc, 2001, cité par Pierre PRECHE, *Moïse l'Africain : La vérité voilée sur l'Africain qui a inspiré le monothéisme occidental*, in http : // www.peuplesawa.com/fr/bnnews.php ?nid=632 81 6 - 4 - 2012).

[68] NILLON P., *Moise l'Africain*, cité par Pierre PRECHE, *Moïse l'Africain : La vérité voilée sur l'Africain qui a inspiré le monothéisme occidental*, in http : // www.peuplesawa.com/fr/bnnews.php ?nid=632 (16 - 4 - 2012).

de la Bible, vers 398 av. J.-C. par le scribe et sacrificateur Esdras dont il dissèque le texte en l'occurrence.

Pour lui apparaissent deux récits d'Exode d'Égypte et pas un, les peuples africains descendants de Cham, les Cananéens, se retrouvent localisés en Palestine, d'après les textes bibliques. Nillon revoit et questionne les parentés ou à tout le moins les similitudes entre un certain nombre de peuples africains et les traditions généralement attribuées aux Juifs. Il en déduit que la culture africaine, négro-égyptienne notamment qui se retrouve disséminée dans le continent encore à ce jour est le véritable fond spirituel et religieux qui inspire la Bible, le judaïsme et les religions qui l'ont suivi[69].

I.2.2. Héritage d'Akhenaton en Afrique et dans la Bible

I.2.2.1. Similitude des croyances en Afrique

Les similitudes dépoussiérées entre traditions, langues, faits supposés propres aux peuples dits juifs avec l'environnement culturel africain obligent à approfondir les interprétations habituelles de la Bible. Nillon y fait un

---

[69] NILLON P., *Ceci est la véritable Bible de Moise/Akhenaton*, in http : // vuesdumonde.forumactif.com/t3402 - ceci - est - la - veritable - bible - de - moise - akhenaton (4 - 5 - 2013).

apport incontestable[70], même si on peut sans risque arguer qu'une plus grande connaissance des langues africaines[71] aurait démultiplié ses illustrations, le plus important

---

[70] Cf. sommaire du livre, P. NILLON, *Moise. L'Africain*, cité par Pierre PRECHE, *Moïse l'Africain : La vérité voilée sur l'Africain qui a inspiré le monothéisme occidental*, in
 http : // www.peuplesawa.com/fr/bnnews.php ?nid=632 (16 - 4 - 2012)

[71] « Aujourd'hui, nous savons que sous le personnage du Moïse de la tradition sémitique se cache en réalité le pharaon monothéiste Akhenaton, de ce fait, le grand hymne d'ATONA composé par lui n'est autre que la véritable Bible de Moïse. Ce texte remarquable gravé en 13 colonnes sur un mur de la tombe d'Ay, est le fruit de la plus extraordinaire révélation du Dieu unique ATONA. C'est cette BIBLE UNIVERSELLE, inspiratrice non seulement du Psaume 104, mais aussi d'un nombre considérable de concepts bibliques que nous vous présentons dans son contexte kamitique. Cette traduction est la plus fidèle réalisée à ce jour, car elle est basée sur une vocalisation, sur une sémantique typiquement kamitique, et non sur une quelconque convention étrangère. En effet, la tradition orale kamitique rapportée par Yoro Diaw ou encore Yoro Dyao (1847 à 1919) nous dit que les populations sénégambiennes sont issues de six migrations entre le Nil et le Sénégal. Ceci est confirmé par cette traduction basée sur les langues kamitiques et plus spécialement celles de la Sénégambie, nous constatons alors que cette langue et cette pensée ne sont ni sémitiques, ni berbères et encore moins indo - européennes. Que ceux qui prétendent l'inverse fassent la translittération et la traduction de ce même texte dans un autre groupe de langues, c'est le défi que nous leur lançons ! », *Ceci est la véritable Bible de Moise/Akhenaton*, in http : // vuesdumonde.forumactif.com/t3402 - ceci - est - la - veritable - bible - de - moise - akhenaton (4 - 5 - 2013).

cependant reste la pertinence de l'argumentaire qui change le sens eurocentrique et judéo-centrique de l'émergence des religions dites monothéistes. Leur origine de même que leur quintessence seraient sorties de l'Afrique par l'entremise d'un prêtre et initié africain, conclut Nillon.

Contrairement à Israël, aucune ethnie-nation africaine n'a conçu que sa voisine avait un autre Dieu différent du sien, conscience à laquelle l'Ancien Testament formera Israël progressivement.

En conclusion, l'Afrique traditionnelle multiculturelle, nous apprend qu'il n'y a qu'un seul Dieu, Être suprême que les Africains nomment différemment selon leurs langues et cultures. Bernardin Gantin écrivait ce qui suit :

> « *Le Dieu africain est un Dieu unique : à l'indiquer c'est le nom même à lui exclusivement réservé en plus d'une langue africaine. Contrairement au "theos" grec ou au "deus" latin, appellatif commun qui pourrait désigner indifféremment les dieux païens - appellatif qui ensuite sera appliqué, avec la majuscule, au Dieu chrétien -, l'Être suprême africain résulte être unique et doté de valeur absolue. Il s'agit d'un "impossible à dépasser" (Ma-wu), irrépétible dans sa nature, souverain dans sa volonté. C'est vraiment la conception de la primauté et de la priorité de l'Être suprême qui fait de lui, dans la mentalité africaine, la source et la référence de toutes les valeurs. En d'autres termes tout ce qui existe, qui n'est autre que le fruit de sa bonté divine, acquiert sens et*

valeur uniquement en rapport avec lui. Aussi est-il intéressant de s'entendre dire chez bon nombre d'Africains, en toute circonstance : " Si Dieu le veut… " ; "Dieu y pourvoira… ", etc. »[72].

I.2.2.2. Évolution d'idées en Égypte antique

Benderitter nous renseigne que les idées d'Akhénaton ont marqué beaucoup plus profondément qu'on ne l'a parfois dit les mentalités de la période ramesside et au-delà[73]. Il remarque de nouveaux développements théologiques sur la question de « l'Un », notamment en relation avec « la première fois », le début du monde[74]. Pour Benderitter, on tend à concevoir l'Un comme une manifestation d'avant la création, qui se divise en « millions » dès la création, et dont les parties valent pour le tout et sont donc susceptibles de recevoir un culte[75]. C'est là la différence fondamentale d'avec

---

[72] B. GANTIN, *Valori universali delle religioni africani*, in « Nuova Umanità » XVIII (1996), Roma, p. 593 - 594, in M. N. NKEMNKIA, *Il Divino nella religione tradizionale africana, un approccio comparativo ed ermeneutico*, Città Nuova, Roma 2011, p.82.
[73] BENDERITTER T, *Akhenaton et la religion d'Aton*, in http : // www.osirisnet.net/docu/akhenat/akhen3.htm (03 - 01 - 2015).
[74] BENDERITTER T, *Akhenaton et la religion d'Aton*, in http : // www.osirisnet.net/docu/akhenat/akhen3.htm (03 - 01 - 2015).
[75] BENDERITTER T, *Akhenaton et la religion d'Aton*, in http : // www.osirisnet.net/docu/akhenat/akhen3.htm (03 - 01 - 2015).

la religion inventée par Akhénaton, comme d'ailleurs des monothéismes ultérieurs, précise Benderitter[76].

On voit également apparaître, affirme Benderitter, comme séquelle importante de l'époque amarnienne un certain doute sur la destinée dans l'au-delà[77] en même temps que les « chants du harpiste » qui s'interrogent sur ce qu'il advient vraiment après la mort, car « Nul n'en est revenu » et conseillent de faire « un jour heureux ». Finalement, selon Assmann, l'effet de la tentative amarnienne aurait été de clarifier les anciennes croyances en les confrontant à leur antithèse, et cela est particulièrement vrai pour la conception qu'on aura du Royaume d'En-Bas et de son souverain Osiris qui va progressivement se fondre complètement en Ré. Pour Benderitter, des questions importantes méritent d'être posées : -Akhenaton a-t-il fondé une religion nouvelle et le monothéisme ? Akhénaton est-il un « révolutionnaire » ? Deux questions sur lesquelles les spécialistes divergent[78].

La plupart, comme Érik Hornung ou Jan Assmann, pensent que le système mis au point par Akhénaton est suffisamment complet et original pour qu'on puisse parler de

---

[76] BENDERITTER T, *Akhenaton et la religion d'Aton*, in http : // www.osirisnet.net/docu/akhenat/akhen3.htm (03 - 01 - 2015).
[77] BENDERITTER T, *Akhenaton et la religion d'Aton*, in http : // www.osirisnet.net/docu/akhenat/akhen3.htm (03 - 01 - 2015).
[78] BENDERITTER T, *Akhenaton et la religion d'Aton*, in http : // www.osirisnet.net/docu/akhenat/akhen3.htm (03 - 01 - 2015).

nouvelle religion, qui nous serait alors - pour la première fois dans l'histoire du monde - accessible dans sa genèse. D'autres estiment que sa réforme ne doit pas être regardée comme une religion, mais simplement comme une philosophie de la nature[79]. Pour moi c'est une religion.

C'est plutôt un monothéisme hiérarchique :

> *« Il faut d'ailleurs faire attention au mot « unique » aussi en Égypte ancienne. Il est très souvent employé par les fidèles pour donner la préférence au dieu qu'ils se sont choisi. Et cela ne gêne personne de faire figurer sur une stèle le nom de « Aton l'unique », et de citer tout de suite après Osiris et Khnoum... En tout état de cause, Akhénaton n'a pas créé cette religion de novo. Il a poussé à l'extrême (peut-être en raison de son jeune âge) les conclusions de tout ce courant de pensée dont nous avons parlé qui tendait à rassembler le multiple dans l'un. Je pense que son intuition personnelle était vraiment celle d'un seul dieu, ainsi lorsqu'on lit gravé sur les tombes : « il n'y a que lui », et il se considère très clairement comme son seul interlocuteur : « aucun autre ne te connaît », ce qui rappelle étrangement certains passages de la Bible. On peut également suivre le cheminement intellectuel du roi qui dit à ses débuts « il n'y pas*

---

[79] BENDERITTER T, *Akhenaton et la religion d'Aton*, in http : // www.osirisnet.net/docu/akhenat/akhen3.htm (03 - 01 - 2015).

d'autre Dieu COMME toi » puis on passe en Amarna à *« il n'y a pas d'autre Dieu QUE toi »*[80].

Les psychanalystes acceptent rarement le mot révélation, à l'instar de Benderitter qui pense que ce qui précède ne permet pas de parler de monothéisme, car ce terme ne recouvre pas seulement un dieu unique, mais aussi un dieu communiquant, ce qui n'est pas le cas, car le monothéisme suppose une révélation, qui n'existe pas du tout ici : le dieu d'Akhénaton est immanent et non transcendant, conclut-il[81].

Quant à la deuxième question, on peut répondre avec Benderitter qu'Akhénaton a provoqué un séisme dans l'histoire égyptienne et que le mot révolution serait le prototype d'un mot moderne, qui a des connotations bien éloignées de celle de l'époque amarnienne, et qu'il convient d'utiliser avec une grande prudence[82].

Benderitter reproche à Akhenaton de bâtir un système d'une inexorable rigueur et d'utiliser toute la puissance temporelle et religieuse dont dispose un pharaon d'Égypte pour essayer de l'imposer, envers et contre tout, par la force, sans qu'il y ait adhésion véritable ni des élites ni du peuple

---

[80] BENDERITTER T, *Akhenaton et la religion d'Aton*, in http : // www.osirisnet.net/docu/akhenat/akhen3.htm (03 - 01 - 2015).
[81] BENDERINTER T, *Akhenaton et la religion d'Aton*, in http : // www.osirisnet.net/docu/akhenat/akhen3.htm (03 - 01 - 2015).
[82] BENDERITTER T, *Akhenaton et la religion d'Aton*, in http : // www.osirisnet.net/docu/akhenat/akhen3.htm (03 - 01 - 2015).

d'Égypte. Pour Benderitter, Akhenaton a créé une religion, centrée sur le roi, au point que celui-ci soit le « seul à connaître l'Aton », religion qui était donc condamnée à disparaître avec son fondateur. Et elle est effectivement tombée dans l'oubli pendant 2300 ans, jusqu'à la fin du 19e siècle[83] quand elle fut redécouverte par les archéologues. C'est le contraire de ce que pense Benderitter qui nous étonnerait pour un roi de l'antiquité. David et Salomon, plus récents qu'Akhenaton, n'étaient pas moins considérés refléter la volonté de Dieu. Heureusement qu'en Israël les prophètes ont joué le contre-poids du pouvoir[84].

Nous pouvons maintenir la pratique d'une religion monothéisme, quelle qu'elle soit, mais pas l'extrémisme et l'intolérance qui l'aurait accompagnée pendant des siècles. D'ailleurs le mot tolérance garde une connotation négative. Dans un dialogue vrai, il vaut mieux arriver à la reconnaissance de l'autre que de le tolérer.

---

[83] BENDERITTER T, *Akhenaton et la religion d'Aton*, in http : // www.osirisnet.net/docu/akhenat/akhen3.htm (03 - 01 - 2015).
[84] P. MATABARO CHUBAKA, *Apocalypse de St Jean et la Politique*, in Vande Kerkhove J. - L. sdb, (éd.), *Foi et Politique dans la Bible. Actes des premières Journées Bibliques de Lubumbashi 25 - 27 février 2003*, coll. Publ. de l'Inst. Saint François de Sales, 1, Lubumbashi, éd. Don Bosco, 2004 ; MATABARO CHUBAKA P., *Il a pris possession de son règne le seigneur Dieu Maitre de tout : Apocalypse de St Jean et la Politique,* Editions Franciscaines Kolwezi, 2003.

« Le mono-atonisme d'Akhenaton était la première manifestation dans l'histoire de la distinction « vrai Dieu - faux Dieu », qui sera reprise dans le mono-yavhisme de Moïse. C'est par cette recherche opiniâtre du « principe unique » au 14e siècle av. J.-C. qu'Akhénaton peut apparaître comme un homme moderne. Malheureusement, c'est aussi la base des fondamentalismes, de toutes les intolérances et persécutions que le monde polythéiste n'avait jamais connus. Heureusement, la civilisation égyptienne ancienne pourra encore survivre 18 siècles après Akhenaton. C'est un vrai monothéisme (mais) celui du Christ qui finira par l'abattre. Et par une intuition extraordinaire, plusieurs siècles avant cette fin, des théologiens avaient pressenti que l'abandon du culte des dieux signifierait la fin de l'Égypte : « les dieux, quittant la terre regagneront le ciel ; ils abandonneront l'Égypte. Cette contrée qui fut jadis le domicile des saintes liturgies, maintenant veuve de ses dieux, ne jouira plus de leur présence... Égypte, Égypte, il ne restera de tes cultes que des fables et tes enfants, plus tard, n'y croiront même pas. Rien ne survivra que des mots gravés sur les pierres qui racontent tes pieux exploits »[85].

---

[85] BENDERITTER T, *Akhenaton et la religion d'Aton*, in http : // www.osirisnet.net/docu/akhenat/akhen3.htm (03 - 01 - 2015).

Chapitre 2

Lent passage du polythéisme au monothéisme chez les Hébreux

II.1. Du polythéisme en Israël

Le monothéisme, qui consiste à dire que « Dieu est un », n'a pas toujours été spontané pour Israël. Il peut se comprendre de trois manières[86] :

    a. Dieu est unifié, son attribut est l'unicité ou l'uniformité

    b. Dieu est seul et unique, son attribut est l'unicité

    c. Dieu est le même pour tous les hommes, son attribut est l'universalité

Ces trois manières ne sont pas exclusives les unes des autres, mais présentent des nuances dans la pratique. La

---

[86] *Le monothéisme biblique. Evolution contextes et perspectives*, (LD 244), sous la direction d'E. Bons et T. Legrand, Cerf, Paris, 2011, p. 27.

profession d'Israël maintient en quelque sorte les deux premières acceptions, mais « n'intègre pas manifestement la troisième : 'le Seigneur est un', et cependant il est pour Israël »[87]. C'est l'approche philosophique de la révélation monothéiste qui aurait fondu les trois acceptions en une. Le christianisme, par la doctrine trinitaire, présentera « une compréhension nouvelles, originale et située, repensée de l'intérieur, de ce qu'on peut entendre par le concept même – le mot – de Dieu »[88]. Prenons quelques exemples pour nous rendre compte d'une lente évolution d'Israël en matière de monothéisme.

II.1.1. Selon le livre de la Genèse

Abraham reçoit la bénédiction des mains de Melchisédech, le chef du sacerdoce, à qui lui et ses descendants payent la dîme : Melchisédech, roi de Shalem, apporta du pain et du vin ; il était prêtre du Dieu Très-Haut. Il prononça cette bénédiction :

> *« Béni soit Abram par le Dieu Très-Haut qui créa ciel et terre, et béni soit le Dieu Très-Haut qui a*

---

[87] *Le monothéisme biblique. Evolution contextes et perspectives*, (LD 244), sous la direction d'E. Bons et T. Legrand, p. 28.
[88] Cf. G. EMERY et P. GISEL (édit.), *Le Christianisme est-il monothéisme ?*, (Lieux théologiques 36), Labor et Fides, Genève, 2001, p. 24, cité dans *Le monothéisme biblique. Evolution contextes et perspectives*, (LD 244), sous la direction d'E. Bons et T. Legrand, p. 29.

livré tes ennemis entre tes mains. » Et Abram lui donna la dîme de tout (Gn 14, 18-20).

Le roi-prêtre Melchisédech, son nom serait cananéen, adore le Dieu Très-Haut, El'Elyôn, nom composé dont chaque élément est attesté comme deux divinités distinctes du panthéon phénicien.

La circoncision est imposée par l'alliance d'Abram (qui devient Abraham) avec le dieu YHWH. La circoncision, à l'origine, pratiquée seulement chez les Noirs (égyptiens et éthiopiens) devient le signe d'alliance (Gn 17, 1.10.11).

Le polythéisme est constant à cette époque (Gn 31, 19.20 ; 31, 30.34). Jacob fils d'Isaac (Isaac, fils d'Abraham) dit à sa famille et à tous ceux qui étaient avec lui :

« Ôtez les dieux étrangers qui sont au milieu de vous… » (Gn 35, 2)

Nous savons que « Élohim » est un pluriel qui signifie « les dieux. » Cela reflète que la divinité intègre tous les Dieux (Élohim), y compris YHWH (YHWH) lorsque Dieu (YHWH) dit : « Faisons l'homme à notre image, comme notre ressemblance » (Gn 1, 26) il parle nécessairement à d'autres dieux. Nous ne pensons pas qu'il s'agit d'une délibération d'un dieu avec ses anges, peut-être un pluriel qui exprime la majesté et la richesse intérieure de Dieu.

II.1.2. Selon le livre de l'Exode

Le Polythéisme n'est pas à démontrer. Les Hébreux reconnaissent l'existence des autres dieux et ils savent que beaucoup d'entre eux vénèrent d'autres dieux. (Ex 18, 11 ; 20, 5 ; 34, 14). *« Je reconnais maintenant que l'Éternel est plus grand que tous les dieux ; car la méchanceté des Égyptiens est retombée sur eux. » (Exode, 18.11).*

C'est ce que déclare Jéthro, beau-père de Moïse et prêtre de surcroit, après les divins exploits contre le peuple égyptien. D'abord, il y a eu la monolâtrie, originalité israélite : pour tout le peuple, un seul Dieu. Alors que tous les peuples avoisinants, y compris l'Égypte, vénéraient quantité de dieux. Et ce dieu unique, chez les Israélites, se faira appeler « l'Être », IL EST, YHWH en hébreu.

Le caractère exceptionnel de cette monolâtrie[89], dans le contexte général de toutes les populations du Moyen-Orient demeure une énigme. Comment une telle originalité a-t-elle pu s'instituer ? L'essai dans l'Égypte antique avec Aton le Dieu Unique et la réforme religieuse d'Aménophis IV à partir de 1350 av. J.-C. est peut-être l'origine du Moïse biblique.

---

[89] http : // www.dialogueislam - chretien.com/t2192p20 - je - n - adore - pas - ce - que - vous - adorez (23 - 6 - 2012).

II.1.3. Selon le livre des Nombres

Certains Hébreux se livrent aux pratiques polythéistes. En adorant d'autres dieux, ils provoquèrent la colère de Dieu (Nb 25, 1-5) :

« Israël s'établit à Shittim et le peuple commença à se livrer à la débauche avec les filles de Moab. ²Elles invitèrent le peuple aux sacrifices de leurs dieux; le peuple y mangea et se prosterna devant leurs dieux. ³Israël se mit sous le joug du Baal de Péor et le SEIGNEUR s'enflamma de colère contre lui. ⁴Le SEIGNEUR dit à Moïse : 'Saisis tous les chefs du peuple et fais-les pendre devant le SEIGNEUR, face au soleil, afin que l'ardente colère du SEIGNEUR se détourne d'Israël'. ⁵Moïse dit aux juges d'Israël : 'Que chacun de vous tue ceux de ses hommes qui se sont mis sous le joug du Baal de Péor!' »

II.1.4. Selon le livre du Deutéronome

Au même moment que se renforce le monothéisme, le polythéisme est encore présent. Pendant qu'Israël affirme sa foi monothéiste dans le *shema Israël*, on remarque qu'il y a d'autres dieux dont YHWH éprouve une jalousie méritée.

Dans le Dt 27, 15, nous lisons :

> *« Maudit, l'homme qui fabriquera une idole ou une statue - abomination pour le SEIGNEUR, œuvre de mains d'artisan - et l'installera en*

cachette ! Et tout le peuple répondra et dira : 'Amen' ».

Le même livre continue :

« ⁸Tu ne te feras pas d'idole, rien qui ait la forme de ce qui se trouve au ciel là-haut, sur terre ici-bas ou dans les eaux sous la terre. ⁹Tu ne te prosterneras pas devant ces dieux et tu ne les serviras pas, car c'est moi le SEIGNEUR ton Dieu, un Dieu jaloux, poursuivant la faute des pères chez les fils et sur trois et quatre générations - s'ils me haïssent - ¹⁰ mais prouvant sa fidélité à des milliers de générations - si elles m'aiment et gardent mes commandements ». (Dt 5, 8-10).

L'idée centrale du Deutéronome est religieuse. Le Dieu des Israélites est placé par notre livre à des hauteurs plus élevées que dans toute autre partie du Pentateuque. Dans le « rétrospectif » historique, YHWH est appelé le Sauveur de son peuple; et dans les passages se rapportant à la Loi, l'obéissance est réclamée en son nom seul. La fidélité et l'obéissance au Dieu d'Israël constituent le « leitmotiv » qui revient sans cesse[90].

---

[90] A. WESTPHAL, *Les Sources du Pentateuque. Etude de critique et d'histoire*, Vol. 1, Fischbacher, Paris, 1892 Vol 1, p. 125 - 141, cité in http : // 456 - bible.chez - alice.fr/westphal/1402.htm (23 - 6 - 2012).

À cette exaltation de YHWH est dû sans nul doute le monothéisme du Deutéronome, distinct de la 'monolâtrie' qui s'observe dans le reste du Pentateuque. YHWH est le Dieu des dieux, le Seigneur des seigneurs (Dt 10, 17). Il n'y en a point d'autres (Dt 4, 35.39).

L'appel à l'obéissance est pénétré par un esprit d'amour. Cette note ne retentit nulle part ailleurs dans le Pentateuque, sauf dans Ex 20:6. YHWH a choisi Israël à cause de son amour pour cette nation (Dt 7, 7 ; 9, 4-6). À Israël maintenant d'adopter une attitude semblable à l'égard de YHWH (Dt 10, 12 ; 12, 13-28 ; 13, 3 ; 19, 9; 30, 3.16.20).

L'amour de Dieu s'adresse aux Israélites en tant que *nation*, et non individuellement (Dt 4, 37 ; 7, 13 ; 23, 6 ; 33, 3). Cet enseignement de l'amour dans le Deutéronome est, dans l'A.T., constitue un signe avant-coureur de la révélation que devait apporter plus tard le N.T. dans Jn 3, 16 : « Dieu a tellement aimé le monde qu'il a donné son Fils unique ». Il est significatif que Jésus, lorsqu'il fut tenté, ait tiré toutes ses réponses du Deutéronome.

C'est pratiquement sur l'attachement au testament spirituel de Moise qu'Israël va fonder son identité, passant de la monolâtrie au monothéisme. L'insistance sur les lois négatives concernant l'idolâtrie indique clairement qu'il y avait encore des idolâtres. Pour savoir le délit commis dans une société, il faut consulter ses lois négatives.

II.1.4. Selon le livre de Josué

Les recommandations de Josué (conduite à tenir au milieu des populations étrangères) prouvent les craintes de Josué à l'égard du polythéisme chez les Hébreux : « Vous ne prononcerez pas le nom de leurs dieux, vous ne les invoquerez pas dans vos serments, vous ne les servirez pas et vous ne vous prosternerez pas devant eux » (Jos 23, 7). « Si, en effet, vous transgressez l'alliance que YHWH votre Dieu vous a imposée, si vous allez servir d'autres dieux, si vous vous prosternez devant eux, alors la colère de YHWH s'enflammera contre vous et vous disparaîtrez du bon pays qu'il vous a donné » (Jos 23, 16). « Si vous abandonnez YHWH pour servir les dieux de l'étranger, il vous maltraitera à nouveau et vous anéantira après vous avoir fait du bien » (Jos 24, 20). « Alors, écartez les dieux de l'étranger qui sont au milieu de vous et inclinez votre cœur vers YHWH, Dieu d'Israël » (Jos 24, 23). Malgré les promesses faites par le peuple (Jos 24, 21), le peuple servira d'autres dieux (voir Livre des Juges).

II.1.5. Selon le livre des Juges

Les Israélites renient YHWH et servent toutes sortes de dieux. Ils recommencèrent à faire ce qui est mal aux yeux de YHWH : « Les Israélites firent ce qui est mal aux yeux de YHWH. Ils oublièrent YHWH leur Dieu pour servir les Baals et les Ashéras. Alors la colère de YHWH s'enflamma contre Israël… » (Jg 3, 7-8). Le texte affirme que les Israélites ne servaient plus YHWH : « Ils servirent les Baals et les Astartés, ainsi que les dieux d'Aram et de

Sidon, les dieux de Moab, ceux des Ammonites et des Philistins. Ils abandonnèrent YHWH et ne le servirent plus. Alors la colère de YHWH s'alluma contre Israël et il le livra aux mains des Philistins et aux mains des Ammonites » (Jg 10, 6-7).

II.1.6. Selon les livres de Samuel

Même Saül, le roi d'Israël, désobéit à YHWH. Entre YHWH qui l'a élu et le peuple qui l'a acclamé et reconnu, Saül a cherché un compromis, il ne s'est pas décidé exclusivement pour YHWH (1 S 15). C'est pourquoi YHWH le rejette pour qu'il ne soit plus roi sur Israël. Même David désavoue YHWH. L'accomplissement de ce qui paraît un ordre divin sera considéré par David, nouveau Roi d'Israël, comme un péché. Et pour se venger, YHWH extermine soixante-dix mille hommes du peuple (2 S 24). David n'a pas réussi de rester toujours attaché au Seigneur. Il monte un plan machiavélique pour se débarrasser du mari de Bethsabée et Urie est tué (2 S 11, 14 - 17)

II.1.7. Selon les livres des Rois

Salomon lui-même sombre dans les pratiques polythéistes. « Quand Salomon fut vieux, ses femmes détournèrent son cœur vers d'autres dieux et son cœur ne fut plus entier à YHWH... » (1 R 11, 4 - 8). Parmi les autres dieux, nous avons : Astarté (divinité des Sidoniens), Milkom (divinité des Ammonites), Kémosh (divinité des

Moabites). YHWH promet de se venger sur la descendance de Salomon (1 R 11, 9 - 13.33). Le péril est grand pour le Yahvisme. Après la mort de Salomon, il y eut un schisme politique et religieux.

Roboam fils de Salomon sera roi de Juda et Jéroboam (fils de Nebat et de Çerua) sera roi d'Israël. Au nord, Jéroboam Ier roi d'Israël (931 - 910) « se fabrique d'autres dieux, des idoles fondues ». « Il fit deux veaux d'or » (1 R 12, 28). Au sud, Roboam roi de Juda (931 - 913) « fit ce qui déplaît à YHWH : il imita toutes les ignominies des nations que YHWH avait chassées devant les Israélites » (1 R 14, 22 - 24).

L'Écriture affirme qu'Abiyyam roi de Juda (913-911) « imita les péchés que son père avait commis avant lui et son cœur ne fut pas tout entier à YHWH… » (1 R 15, 3).

Les relations familiales pâtirent du fait qu'Asa roi de Juda (911 - 870) « enleva à sa grand-mère la dignité de Grande Dame, parce qu'elle avait fait une horreur pour Ashéra » (1 R 15, 13).

De même, Nadab roi d'Israël (910-909) « fit ce qui déplaît à YHWH : il imita la conduite de son père et le péché où celui-ci avait entraîné Israël. » (1 R 15, 26)

Ce refrain revient, annonçant que Basha roi d'Israël (909 - 886) « fit ce qui déplaît à YHWH, et il imita la conduite de Jéroboam et le péché où il avait entraîné Israël » (1 R 15, 34). Il fait commettre au peuple des péchés qui irritent YHWH.

À son tour, Ela roi d'Israël (886 - 885) tout comme son père Basha, a entraîné Israël dans l'idolâtrie, irritant YHWH à cause des idoles (1 R 16, 13). Plus tard, Zimri roi d'Israël (885) « commis le péché en faisant ce qui déplaît à YHWH » (1 R 16, 19).

La Bible insiste qu'Omri roi d'Israël (885 - 874) « fit ce qui déplaît à YHWH et fut pire que ses devanciers » (1 R 16, 25 - 16, 26) et son successeur Achab roi d'Israël (874 - 853) « sert le dieu Baal et lui dresse un autel » (1 R 16, 30 - 16, 33).

Sous Josaphat roi de Juda (870 - 848), malgré sa bonne conduite au regard de YHWH, « …les hauts lieux ne disparurent pas ; le peuple continua d'offrir des sacrifices et de l'encens sur les hauts lieux » (1 R 22, 43 - 22, 44). Son successeur Achazias (fils d'Achab) roi d'Israël (853 - 852) « rendit un culte à Baal et se prosterna devant lui, et il irrita YHWH, Dieu d'Israël, tout comme avait fait son père » (1 R 22, 54). Étant malade, il demande à des messagers de consulter Baal Zébub, c'est-à-dire Baal Zebul « Baal le Prince », dieu d'Eqrôn (2 R 1, 2).

Au nord, Joram (fils d'Achab) roi d'Israël (852 - 841) « fit ce qui déplaît à YHWH… » (2 R 3, 2) et au sud, Joram (fils de Josaphat) roi de Juda (848 - 841) « fit ce qui déplaît à YHWH » (2 R 8, 18). Le fils de ce dernier, Achazias roi de Juda (841) : « fit ce qui déplaît à YHWH » (2 R 8, 27).

Bien que Jéhu roi d'Israël (841 - 814) ait fait massacrer des fidèles de Baal (2 R 10, 18), il n'est pas resté fidèle à la loi de YHWH (2 R 10, 29 et 10, 31). De même sous Joas (fils d'Achazias) roi de Juda (835 - 796) « …les hauts lieux ne disparurent pas et le peuple continuait d'offrir sacrifices et encens sur les hauts lieux ». (2 R 12, 4).

L'Écriture affirme tant pour Joachaz roi d'Israël (814-798) que pour son fils Joas roi d'Israël (798 - 783) d'avoir fait ce qui déplaît à YHWH (2 R 13, 2 ; 2 R 13, 11).

C'est après l'exil, qu'Israël est passé de la monolâtrie au monothéisme, terme qui nous est si familier de nos jours, mais il y a 3000 ans, c'était une véritable révolution commencée en Égypte, encouragée par Akhenaton vers 1400 : un seul Dieu pour toute l'humanité, c'est-à-dire que chaque peuple n'aura plus Son défenseur, mais que toute l'humanité n'aura qu'UN défenseur !!!! Appel catégorique à la fraternité entre tous les peuples. Appel que hélas ! l'humanité n'a pas su entendre !!!!!

D'après les exemples précédents et les recherches dans l'Histoire des Religions, on peut aboutir à la conclusion que Lemaire résume en ces termes :

> *« Les patriarches (XIXe-XVIIIe siècle av. J.-C.) seraient des polythéistes, adorant concurremment un dieu El local et des dieux claniques. Leur culte, qui se prolongera jusqu'au VIIIe siècle avant l'ère chrétienne, serait marqué par la présence d'un sanctuaire à ciel ouvert, d'un arbre sacré, d'une stèle et d'un autel. C'est avec Moïse (XIIIe siècle av. J.-C.) qu'apparaît le yahwisme d'origine madianite, aniconique et monolâtre.*

Sans doute est-il possible de réduire à trois grands moments l'histoire de la naissance de la pensée monothéiste, dont la genèse revêtirait un caractère politique, et qu'il convient de distinguer des pratiques populaires que textes et vestiges archéologiques rattachent à l'hénothéisme tout au long du premier millénaire.

Le monde pré-yahwiste des patriarches s'apparenterait à celui que met en scène le panthéon ougaritique, découvert près de Ras Shamra, en Syrie, à partir de 1930. El, vieillard et père des dieux, détient la sagesse et arbitre le grand conflit cosmique de la vie et de la mort. Baal, jeune dieu impétueux, se sacrifie périodiquement pour les humains, combattant la mer et la mort.

Tout se passe donc comme si, à l'époque de David, Yahwé absorbait les fonctions des grands dieux cananéens, El et Baal, puisqu'il assimile les caractéristiques des dieux El locaux tout en ayant fait siennes celles de Baal à l'époque de Moïse. On constate, avec André Caquot, que la Bible le présente à la fois comme un sage, un créateur de l'univers, source de justice et un héros guerrier, maître de l'orage et du tonnerre, principe de fertilité. Or, les pages les plus anciennes de la Bible, comme les Psaumes royaux ou la première strate des Livres de Samuel, sont, selon Caquot, déjà empreintes d'une monolâtrie bien proche du monothéisme. Le Dieu unique d'Israël est de droit le maître de l'univers entier qu'il a créé. Les autres dieux lui sont soumis ou voués à la ruine. L'unicité de la divinité et l'universalisme de la volonté divine, qui sont des traits du monothéisme, émergent déjà. L'intuition monothéiste d'Israël impose à son Dieu de maintenir seul l'équilibre d'un univers jusqu'alors assuré par la collaboration de dieux contraires et, partant, explique sa complexité.

Ce que l'on pourrait appeler, dès le Xe siècle, c'est-à-dire aux débuts de la rédaction de la Bible, le proto-monothéisme d'Israël, s'approfondit à la faveur des événements politiques qui président au schisme de la royauté ainsi qu'à la chute des royaumes du Nord (en 722 av. J.-C., sous les coups de l'Assyrie) et du Sud (en 586 av. J.-C., du fait des Babyloniens). Il s'impose peu à peu et poursuit son chemin dans les traditions juives postérieures, cherchant jusqu'à aujourd'hui à répondre moins à la question de l'identité divine qu'à celle des modalités de la révélation ».[91]

---

[91] ISABELLE DE CASTELBAJAC, « André Lemaire, *Naissance du monothéisme. Point de vue d'un historien* », *Labyrinthe*, 18 (2004) 33 - 36, in http : // labyrinthe.revues.org/210 (consulté le 18 octobre 2012) ; Sur les modalités de la révélation dans la Bible, cf. A - M. DUBARLE, *La manifestation naturelle de Dieu dans la Bible* (LD

II.2. Le Monothéisme africain a été antérieur au monothéisme hébreu

Selon l'analyse linguistique de Sim Mi Nsonkon Rémy[92], le symbolisme du monothéisme juif provient de l'Égypte. Pour lui, et nous en sommes d'accord, les Hébreux ont carrément copié le symbolisme du nombre 7 et son matérialisme inventés en Égypte. Le vocable hébraïque zayin signifiant 7, et parenté à l'égyptien sefeth et aux langues d'Afrique noire moderne, en est une évidence irréfutable[93].

Il note que chez les Juifs, le chandelier joue aussi un rôle très significatif dans le culte. On appelle ce chandelier, une « ménorah », c'est un candélabre à 7 branches, pour rappeler les 7 jours de la création et pour signifier que tout vient de Dieu et tout retourne à Dieu[94]. C'est Dieu qui

---

91), Cerf, Paris 1976 qui montre que la découverte de Dieu n'est pas le seul apanage des Hébreux.
[92] R. SIM MI NSOKON R, *L'origine dans l'Égypte pharaonique des rites du Kwanzaa et de la Ménorah du peuple Hébreux. La signification du Dieu Suprême Bantou*, in http : // www.kametrenaissance.com/sim - doc14.html (28 - 2 - 2014)
[93] SIM MI NSONKON R., *L'origine dans l'Égypte pharaonique des rites du Kwanzaa et de la Ménorah du peuple Hébreux. La signification du Dieu Suprême Bantou*, in http : // www.kametrenaissance.com/sim - doc14.html (28 - 2 - 2014)
[94] Le peuple Bashi du Congo - Kinshasa appelle Dieu « NYAMUZINDA », qui veut dire « Principe et fin de tout ».

donne la lumière, c'est Dieu qui donne la vie. Le Chandelier à 7 branches en or était en relation exclusive avec le Tabernacle[95]. Il prend en considération plusieurs langues négro-africaines, notamment :

Égyptien : shuu, Râ, dieu solaire

Et dans beaucoup de langues Bantu, on retrouve :

Bulu : Zamba

Douala : Nyamba

Fang : Anyame

Mpongwe : Anyambye

Mbochi : Ndzambe

Kongo : Nzambi

Teke : Nzami

Mbede : Ndzyami

Ndumu : Ndzami

Dinga : Ndjame

---

[95] SIM MI NSONKON R., *L'origine dans l'Égypte pharaonique des rites du Kwanzaa et de la Ménorah du peuple Hébreux. La signification du Dieu Suprême Bantou*, in http : // www.kametrenaissance.com/sim - doc14.html (28 - 2 - 2014)

Angola : Ndzami

Guinée : Onyame

Etc.

En langue Hébraïque : *shamach* signifie soleil.

D'après le tableau qui précède, il apparaît clairement que le vocable hébraïque « shamach » vient de l'égyptien « shuu »[96].

Pour Sim[97] encore, le chiffre 7 ne représente pas seulement la création de l'univers, mais il est aussi le symbole du système judiciaire dans l'Égypte pharaonique et l'Afrique noire moderne. C'est le cas des différents 7 notables que l'on raconte dans l'Afrique subsaharienne. De même, l'emblème choisi pour l'État d'Israël est le signe le plus répandu de l'iconographie juive, le chandelier à sept branches ou ménorah. Une description minutieuse de ce chandelier en or, qui ornait la face sud du Sanctuaire de la

---

[96] SIM MI NSONKON R., *L'origine dans l'Égypte pharaonique des rites du Kwanzaa et de la Ménorah du peuple Hébreux. La signification du Dieu Suprême Bantou*, in http : // www.kametrenaissance.com/sim-doc14.html (28 - 2 - 2014)

[97] SIM MI NSONKON R., *L'origine dans l'Égypte pharaonique des rites du Kwanzaa et de la Ménorah du peuple Hébreux. La signification du Dieu Suprême Bantou*, in http : // www.kametrenaissance.com/sim-doc14.html (28 - 2 - 2014)

Tente du Rendez-vous et du Temple de Jérusalem. Il renchérit que l'écusson de la Ménorah, ce qui veut signifier que de la terre juive doive rayonner vers le monde entier la lumière, la culture, la vérité et la justice.

Nous pouvons conclure avec Sim :

> *« Le Dieu suprême Zamba/Nyambé/etc. des Kamet d'Égypte et des Bantu est le Soleil, garant de la vie sur terre. Son explosion ou Big Bang est à l'origine des 7 astres qui influencent les systèmes socio-économiques et politiques des peuples Kamet depuis la nuit des temps. Cet astre a une signification essentiellement mathématique. La religion étant le masque de ce savoir dans le monde des non-initiés. Chez certains peuples, la religion est la clé de voûte de la nation. Les peuples Kamet n'adorent pas le Soleil. Mais ils s'en servent dans la vie pratique des Sciences exactes, de l'Économie et de la politique.*
>
> *Les éléments du Kwanzaa et de la Ménorah du peuple hébreu proviennent des Sciences exactes et de la religion des Kamet de l'antiquité égyptienne. Les Hébreux ont intégralement copié ses éléments lors de leurs séjours en Égypte. La parenté linguistique confirme les correspondances liées au nombre sacré 7, entre l'Égypte, l'Afrique noire et ce peuple d'Asie.*

> *Nos analyses, sur le Dieu suprême Bantu, le Kwanzaa, prouvent que l'Égypte pharaonique est la civilisation classique des peuples Kamet »*[98].

Selon une note de l'Amazon[99], jadis, Freud avait pensé que Moïse n'était peut-être pas hébreu, mais plutôt égyptien. Depuis lors, les progrès de la recherche archéologique ont ratifié cette audacieuse hypothèse. Pour les auteurs de, *Les secrets de l'Exode : l'origine égyptienne des Hébreux,* non seulement Moïse n'était pas hébreu, mais Abraham ne l'était pas davantage. L'un et l'autre, de surcroît, étaient des pharaons. Les Hébreux ne furent jamais esclaves des Égyptiens et le « peuple élu » était tout simplement composé des habitants (égyptiens) de la ville sainte d'Akhet-Aton. Messod Sabbah et Roger Sabbah[100] montrent bien que la Genèse reproduit la cosmologie égyptienne, que l'alphabet hébreu tire son origine des hiéroglyphes égyptiens et que les personnages historiques de l'Ancien Testament sont en fait des personnalités de l'histoire égyptienne. En creusant l'histoire du monothéisme, les auteurs ont exhumé des épisodes fort romanesques : récits d'amour et d'aventures, de

---

[98] SIM MI NSONKON R., *L'origine dans l'Égypte pharaonique des rites du Kwanzaa et de la Ménorah du peuple hébreux. La signification du Dieu suprême Bantou*, in http : // www.kametrenaissance.com/sim - doc14.html (28 - 2 - 2014).

[99] M. SABBA - R. SABBAH, *Les secrets de l'Exode : l'origine égyptienne des Hébreux*, Jean - Cyrille Godefroid, Paris, 2005, in http : // www.amazon.fr/Les - Secrets - lExode - lorigine - Egyptienne/dp/2865531406 (28 - 2 - 2014).

[100] SABBA M. –SABBAH R., *Les secrets de l'Exode* , in http : // www.amazon.fr/Les - Secrets - lExode - lorigine - Egyptienne/dp/2865531406 (28 - 2 - 2014).

meurtres et de trahison, non exempts de fanatisme, qui se déroulèrent dans le grand royaume de la Vallée du Nil. Pour ces auteurs, les Secrets de l'Exode nous convient à une lecture nouvelle de l'Ancien Testament et à la découverte de l'histoire véritable, incluse au sein de la tradition biblique.

D'après une analyse théologique et historique de Pierre Nillon[101], une comparaison entre l'hymne d'Akhenaton et la religion de Moïse nous révèle que la Bible c'est inspiré de l'Égypte.

Pour lui, le véritable Moïse n'est pas le fondateur du judaïsme, mais bel et bien le scribe et sacrificateur judéo-perse Esdras en 398 av. J.-C. Cependant, si la religion d'Esdras s'est propagée aussi rapidement c'est grâce à la bienveillance et à une conversion probable du roi perse Artaxerxés II (404 à 359 av. J.C). En effet, la tradition sémitique (Esdras 7, 21-26) nous rapporte le zèle de ce roi pour cette religion[102] :

> " *Moi, le roi Artaxerxès, je donne l'ordre à tous les trésoriers de l'autre côté du fleuve de livrer exactement à Esdras, sacrificateur et scribe, versé dans la loi du Dieu des cieux, tout ce qu'il vous*

---

[101] NILLON P., *La véritable Bible de Moise*, cité in http : // vuesdumonde.forumactif.com/t3402 - ceci - est - la - veritable - bible - de - moise - akhenaton (4 - 5 - 2013) ;in http : // kamitik.com/vrai - bible.htm (4 - 5 - 2013)
[102] NILLON P., *La véritable Bible de Moise*, cité in http : // vuesdumonde.forumactif.com/t3402 - ceci - est - la - veritable - bible - de - moise - akhenaton (4 - 5 - 2013) ; in http : // kamitik.com/vrai - bible.htm (4 - 5 - 2013)

> *demandera... Et toi, Esdras, selon la sagesse de Dieu que tu possèdes, établis des juges et des magistrats qui rendent la justice à tout le peuple de l'autre côté du fleuve, à tous ceux qui connaissent les lois de ton Dieu ; et fais-les connaître à ceux qui ne les connaissent pas. Quiconque n'observera pas ponctuellement la loi de ton Dieu et la loi du roi sera condamné à la mort, au bannissement, à une amende, ou à la prison ».*

Pour Nillon, Esdras s'inspira certainement de la religion perse, car au 5e siècle av. J.C, le père de l'Histoire, Hérodote d'Halicarnasse (*Histoire* I : 131) nous apprend qu'à cette époque contrairement aux autres peuples, les Perses étaient monothéistes en disant : « Les Perses ont, je le sais, les coutumes suivantes : ils n'élèvent aux dieux ni statues, ni temples, ni autels, et traitent d'insensés ceux qui leur en élèvent ; c'est, je pense, qu'ils n'ont jamais attribué de forme humaine à leurs dieux, comme le font les Grecs. Ils ont coutume d'offrir des sacrifices à Zeus au sommet des montagnes les plus élevées, ils donnent le nom de Zeus à toute l'étendue de la voûte céleste ».

En comparant différentes religions, Nillon affirme que le contenu des papyrus araméens d'Éléphantine (483 à 398 av. J.-C.) ne laisse aucun doute sur le caractère polythéiste des juifs au 5e siècle av. J.-C. Jacques Hassoun (*Histoire des juifs du Nil*, 2 éd. Revue et augmentée, éd. Minerve, Paris 190, p.16) nous confirme le polythéisme des juifs jusqu'en 398 av. J.C, lorsqu'il dit : « Le dernier document araméen d'Éléphantine, datable de cette époque, est une lettre envoyée de Memphis par un juif nommé Shawâ, fils de Zakaryah, à son ami Yislah : lui souhaitant "le salut de tous les dieux (!) abondamment en tout temps", l'auteur de la lettre annonce au destinataire l'avènement du pharaon Néféritès ; nous sommes en 398 av. notre ère ». Donc, nous savons avec certitude, que les juifs ne sont devenus monothéistes qu'au contact des Perses, et cela au 4e siècle av. J.-C. affirme-t-il[103].

Quant au bouddhisme, il soutient que si le prince indien Siddhârta Gautama (560 à 480 av. J.-C.) fut son fondateur au 6e siècle av. J.C, cependant son propagateur fut l'empereur indien Asoka qui lui donna ses lettres de noblesse en décrétant au 3e siècle av. J.C, le bouddhisme religion officielle dans tout son empire.

Concernant le christianisme, Nillon ajoute que si Jésus le Nazaréen est généralement considéré comme étant son fondateur, néanmoins, son propagateur fut l'empereur romain Constantin qui lui donna ses lettres de noblesse en décrétant le christianisme religion officielle de l'Empire romain.

Quant à l'islam, Nillon soutient que son fondateur était d'une famille arabe aristocratique, très influente de la tribu des Koraïchites, son nom complet était Mohammed ibn Abdallâh, ibn Abdel Moutalib, ibn Hakim. Cependant, celui qui permit la propagation de l'islam alors que les Arabes étaient sur le point d'y mettre un terme n'est autre que l'empereur éthiopien Nayasin en 622, lors de l'hégire.

---

[103] NILLON P., *La véritable Bible de Moise*, cité in http : // vuesdumonde.forumactif.com/t3402 - ceci - est - la - veritable - bible - de - moise - akhenaton (4 - 5 - 2013) ;in http : // kamitik.com/vrai - bible.htm (4 - 5 - 2013) ; MIHOU, *Moise retrouvé*, in http : // vuesdumonde.forumactif.com/t3401 - moise - retrouve (07 - 10 - 2014).

4) Suite à la mort du prince héritier Thoutmosis, puis de son père Amenhotep III, Akhenaton devient roi d'Égypte, puis législateur, grand-prêtre et prophète de Dieu. De même, selon la Bible Moïse était roi d'Israël, législateur et prophète de Dieu (Dt 33, 4 à 5 ; Dt 34, 10). Par ailleurs, le juif Philon d'Alexandrie, affirme que Moïse par l'effet de la providence divine, a été tout à la fois roi, législateur, grand-prêtre et prophète (De vita Mosis, Liv. II, chap. 3).

5) Selon certains égyptologues, Akhenaton prit pour femme une étrangère à la peau claire du nom de Néfertiti, fille d'un prêtre nommé Ay. Pareillement, Moïse prit pour femme Séphora, qui est non seulement une étrangère à la peau claire, mais également la fille d'un prêtre du nom de Réuel (Ex 2, 16 - 21).

6) Selon certains égyptologues, Néfertiti a été renvoyée par son mari Akhenaton en l'an 14 de son règne, et se voit retirer son titre de « Grande épouse royale ». De même, la tradition sémitique rapporte que Séphora elle aussi a été renvoyée par son mari Moïse (Exode 18, 1 - 2).

7) Selon certains égyptologues, après le renvoi de Néfertiti, Akhenaton prit pour seconde femme une nubienne (éthiopienne) du nom de Kiya. *Idem*, après le renvoi de Séphora, Moïse prit pour seconde femme une éthiopienne (nubienne) dont le nom n'est pas mentionné (Nb 12, 1).

8) Le pharaon Akhenaton (1367 - 1350 av. J.C) est le premier à rompre avec le polythéisme ancestral en donnant le monothéisme à l'humanité. Moïse lui aussi est le

Amenhotep IV alias Akhenaton. Pour Nillon, par-delà les données légendaires de la tradition sémitique au 4e siècle av. J.C, la vie du Moïse biblique correspond point par point dans les grandes lignes aux données égyptologiques concernant le pharaon Akhenaton au 14e siècle av. J.-C. Même avec mille ans d'écart, constate Nillon, certaines données d'une liste non exhaustive présentent une concordance telle qu'il est difficile d'imaginer que c'est uniquement le fruit du hasard[104] :

1) Akhenaton était un prince égyptien connu sous le nom d'Amenhotep IV, fils du roi Amenhotep III et de la reine Tiyi. De même, la tradition sémitique contenue dans la Bible affirme que Moïse était un prince égyptien (Ex 2, 10 et 19 ; Ac 7, 21).

2) À l'époque d'Akhenaton, le prince héritier Thoutmosis, premier-né du pharaon Amenhotep III meurt bizarrement. *Idem*, à l'époque de Moïse, le premier-né de pharaon, c'est-à-dire le prince héritier meurt tout aussi bizarrement (Ex 12, 29).

3) À l'époque d'Akhenaton, l'éruption volcanique de l'île de Santorin (Théra, alias Atlantide) cause de graves plaies en Égypte. Pareillement, à l'époque de Moïse, l'Égypte connaît des plaies comparables à celles que produirait une éruption volcanique (Ex 9, 8 à 11 ; 10, 21 à 23).

---

[104] NILLON P., *Ceci est la véritable bible de Moïse*, cité in http : // vuesdumonde.forumactif.com/t3402 - ceci - est - la - veritable - bible - de - moise - akhenaton (4 - 5 - 2013) ; http : // kamitik.com/vrai - bible.htm (4 - 5 - 2013).

on doit le retrouver et plus particulièrement dans la 18e ou la 19e dynastie. Or, en étudiant ces deux dynasties, dit Nillon, nous ne trouvons aucun prince du nom de « Mose » signifiant « Engendrer » en égyptien, mais plutôt des noms composés de cette particule. Pour la 18e dynastie, nous avons plusieurs Thout Mose (Thoutmès, ou Thoutmosis en français). Pour la 19e dynastie, nous avons plusieurs Râ Moses (Ramsès, en français), et un Aman Moses (Amenmesès, en français), que l'égyptologue allemand Rolf Krauss identifie au véritable Moïse, dans une thèse très argumentée, mais non irréfutable (Moïse le pharaon)

Il est possible, comme le dit David Icke (*Le plus grand secret*, Tome 1, éd. Louise Courteau, p.147) que « chaque initié qui avait atteint le plus haut rang dans les écoles de mystères égyptiennes était appelé Muse, Mose ou... Moïse ».

Ainsi, Mose alias Moïse n'est pas le nom propre de notre personnage, mais un titre indiquant que celui qui fut instruit dans toute la sagesse des Égyptiens (Ac 7, 22) avait bel et bien atteint le plus haut niveau de la connaissance ésotérique. Les Sémites mal informés des coutumes égyptiennes prirent un titre pour un nom, à l'instar du titre « Pharaon » qui apparaît comme un nom propre dans plusieurs passages (Gn 41 : 46 ; Ex 6 : 11, 13, 27, 29 ; 14 : 8, Dt 7 : 8). À moins qu'il faille interpréter cela, comme une volonté manifeste de cacher la véritable identité de ce prince égyptien, afin d'accréditer la légende d'une hypothétique origine hébraïque de ce dernier, renchérit Nillon.

Pour lui, en tenant compte de toutes ces données, le véritable Moïse apparait en la personne du pharaon

Enfin, soutient Nillon, la propagation du judaïsme ashkénaze en Europe n'a été possible que grâce à la conversion du roi Khazar, Boulan en 732. De ces quelques exemples, l'auteur constate que presque toutes les grandes religions ont pour fondateur et propagateur un membre d'une famille royale (prince, roi, empereur…). Ainsi Nillon de rappeler que la tradition sémitique affirme que le véritable Moïse était lui aussi un membre de la famille royale égyptienne. Pour répondre à la question de savoir comment Moïse, un prince égyptien, reste un parfait inconnu dans son propre pays, lequel notait les moindres faits et gestes de la famille royale, Nillon rapporte qu'en 48 av. J.C, les Romains incendièrent la bibliothèque d'Alexandrie, afin de faire disparaître le savoir africain et en 296, l'empereur romain Dioclétien fait brûler à nouveau la bibliothèque d'Alexandrie qui avait été reconstruite. Nillon rappelle qu'en l'an 490 les Barbares (ancêtres des Berbères) brûlèrent la bibliothèque d'Alexandrie qui avait été à nouveau reconstruite. Enfin, répète Nillon, en l'an 641, les Arabes brûlèrent la bibliothèque d'Alexandrie sur l'ordre du calife Omar, afin de faire disparaître une fois de plus le savoir africain.

Malgré toutes ces incendies, force est de constater, à en croire à Nillon, que l'Égypte est le pays qui a livré le plus grand nombre de documents écrits, car les anciens Égyptiens en faisaient plusieurs copies. Donc, si un fait historique n'est pas mentionné en Égypte, il y a de fortes chances qu'il soit une pure légende.

Néanmoins, par-delà la légende sémitique contenue dans la Bible, si un prince égyptien du nom de Mose (Moshé en hébreu, Musa en arabe, Moïse en français) a vraiment existé, premier à rompre avec le polythéisme ancestral en donnant le monothéisme à l'humanité selon Exode 20, 2 - 3.

9) Le Dieu d'Akhenaton se trouve dans le soleil et se nomme Aton, mais plus vraisemblablement Atona. Le Dieu de Moïse se trouve également dans le soleil, et malgré le tétragramme Yhwh employé dans la Bible hébraïque, les Juifs prononcent ce nom Adonaï (Nb 25, 4). Par ailleurs, Joseph Flavius nous apprend que les Esséniens, considérés comme les Juifs les plus pieux au 1er siècle considéraient toujours le soleil comme leur Dieu (*La guerre des juifs*, Liv II, chap. 8, par. 2 à 13).

10) Au nom de son Dieu, Akhenaton combattit violemment les dieux égyptiens notamment le dieu Amon. *Idem*, selon la tradition biblique le Dieu de Moïse combattit également les dieux égyptiens (Ex 12, 12).

12) Selon les égyptologues, avant le règne d'Akhenaton, on ne connaissait aucun Dieu du nom d'Aton en Égypte. De même, avant le règne de Moïse on ne connaissait aucun Dieu du nom d'Adonaï en Égypte (Ex 3, 13 à 15 ; 5, 2).

13) En disant : « Aton le vivant, l'unique Dieu, aucun autre au-dessus de lui », Akhenaton exclut toute existence à d'autres divinités. Pareillement, en disant : « Écoute, Israël ! Adonaï notre Dieu, est l'unique Dieu », Moïse exclut toute existence à d'autres divinités (Dt 6, 4).

14) Akhenaton interdisait toutes représentations de la divinité, afin de se prosterner devant en signe de

soumission. Moïse lui aussi interdisait toutes représentations de la divinité, afin de se prosterner devant en signe de soumission (Ex 20, 4-6).

15) Nous savons qu'en tant que pharaon Akhenaton était très considéré non seulement aux yeux de ses serviteurs, mais aussi dans tout le pays d'Égypte. De même, Moïse était très considéré dans le pays d'Égypte, aux yeux des serviteurs de pharaon et aux yeux du peuple (Ex 11, 3).

16) Akhenaton présenta à son peuple le « nom didactique » du Dieu Aton sur deux cartouches de pierre jusqu'en l'an 9 de son règne. Moïse lui aussi présenta à son peuple le « témoignage » du Dieu Adonaï sur deux tables de pierre (Ex 31, 18 ; 32, 15-16).

17) Après l'idolâtrie de son peuple, Akhenaton supprime en l'an 9 de son règne les deux cartouches de pierre contenant des hiéroglyphes évoquant les divinités Horus et Shou dans le « nom didactique » de son Dieu. Pareillement, après l'idolâtrie de son peuple Moïse brise les deux tables de pierre contenant le « témoignage » de son Dieu (Ex 32, 19).

18) Après l'an 9 de son règne, Akhenaton présente à son peuple deux autres cartouches de pierre contenant pratiquement le même « nom didactique » que les premières. De même, Moïse présente à son peuple deux autres tables de pierre contenant pratiquement le même « témoignage » que les premières (Exode 34, 1). Ceci explique les divergences entre les deux versions contenues

dans la Bible (Ex 20, 2 - 17 ; Dt 5, 6 - 21). En effet, une version serait tirée des premières tables, tandis que l'autre serait tirée des secondes tables.

19) Akhenaton et son peuple se sont installés dans un lieu désertique (Akhetaton) pour rendre un culte à leur Dieu. Pareillement, Moïse et son peuple se sont installés dans un lieu désertique (le Sinaï) pour rendre un culte à leur Dieu (Exode 5, 1 ; Nb 14, 35).

20) Akhenaton était le seul à connaître la volonté de son Dieu, et ce n'est que par son entremise que le peuple en prenait connaissance. Moïse lui aussi était le seul à connaître la volonté de son Dieu, et ce n'est que par son entremise que le peuple en prenait connaissance (Ex 20, 22 ; Nb 12, 2 - 8).

21) Dans la religion d'Akhenaton, au lever et au coucher du soleil on disposait les offrandes sur une table, les holocaustes sur une autre table, et on brûlait de l'encens sur une table prévue à cet effet. De même dans la religion de Moïse, au lever et au coucher du soleil on disposait les offrandes sur une table, les holocaustes sur une autre table, et on brûlait de l'encens sur une table prévue également à cet effet (Ex 25, 2 - 30 ; 29, 38 - 42 ; 30, 1 - 8).

22) Dans la religion d'Akhenaton, il n'y a pas de mythe théogonique. Contrairement à d'autres dieux, Aton n'a pas de père, pas de mère, pas d'épouse, pas d'enfants, il n'a ni commencement ni fin de jour, il est éternel. *Idem*, dans la religion de Moïse, il n'y a pas de mythe théogonique. Contrairement à d'autres dieux, Adonaï n'a

pas de père, pas de mère, pas d'épouse, pas d'enfants, il n'a ni commencement ni fin de jour, il est éternel (Es 43, 10 - 11 ; 44, 6 ; Hé 7, 3).

23) Dans la religion d'Akhenaton, il n'y a pas de vie après la mort, il n'y a pas de jugement des morts[105], le bonheur c'est ici et maintenant. De même dans la religion de Moïse, il n'y a pas de vie après la mort, il n'y a pas de jugement des morts, le bonheur c'est ici et maintenant (Ps 6, 6 ; Eccl 3, 18 - 22 ; 9, 4 - 10).

24) Contrairement aux Temples traditionnels, celui construit par Akhenaton dans le désert était un temple à ciel ouvert contenant un lieu très saint. Pareillement, le tabernacle dressé par Moïse dans le désert était à ciel ouvert, et contenait lui aussi un lieu très saint (Ex 40).

25) De toute évidence, Akhenaton disposait d'ouvriers qualifiés, car tout un village réservé à ces derniers a été mise à jour dans le désert. Moïse lui aussi avait à sa

---

[105] Une nouveauté étrange, car, Akhenaton devait hériter de la religion égyptienne la croyance dans le jugement des morts. « Dans l'Égypte ancienne, le mort justifié (maâ) dans la salle de deux Maât (Tribunal, Jugement) qui est aussi la place de Vérité (Maât) peut alors accéder à la béatitude éternelle, parmi les bienheureux (maâtiou). Ceux qui (les Ancêtres divinisés) le voient pur de bouche et de mains lui disent : 'Viens en paix ! Viens en paix !' », OBENGA T., *La philosophie africaine de la période pharaonique*, p. 182, cité par Luka Lusala Lu Ne Nkuka, *Sainteté et témoignage dans la religion africaine*, in *Studia Missionalia* 61 (2012) 450.

disposition des ouvriers qualifiés exécutant tous les ouvrages dans le désert (Ex 31, 1 - 6 ; 36 : 1 - 8).

26) Selon un texte gravé sur une stèle frontière d'Akhetaton, le pharaon Akhenaton serait enterré sur une montagne à l'est de cette ville. Pareillement, la tradition sémitique rapporte que Moïse serait lui aussi enterré dans une région montagneuse (Dt 34, 1 - 5).

27) Malgré le doute qui plane sur le mystérieux personnage de la tombe n° 55, à l'heure actuelle, aucun égyptologue n'a trouvé le sarcophage d'Akhenaton. De même, à l'époque de la rédaction de la Bible, personne ne savait avec exactitude où se trouvait le cercueil de Moïse (Dt 34, 6).

28) Akhenaton affirmait que les statues créées de main d'homme, malgré leur parure d'or n'étaient pas des dieux, mais simplement du bois ou de la pierre et par conséquent n'avaient aucun pouvoir. La religion de Moïse affirmait également que les statues créées de main d'homme, malgré leur parure d'or n'étaient pas des dieux, mais simplement du bois ou de la pierre et par conséquent n'avaient aucun pouvoir (Ex 32 ; Es 44, 9 - 20).

29) En 1887, on trouva près de 380 tablettes d'argile en écriture cunéiforme qui témoignent d'une riche correspondance diplomatique entre Akhenaton et les rois de Canaan. Moïse lui aussi entretenait des relations diplomatiques avec les rois de Canaan selon la tradition sémitique (Nb 20, 14 ; 21, 21).

30) Selon certains égyptologues, les relations sexuelles étaient à la limite de l'inceste dans la famille d'Akhenaton, puisque ce dernier aurait épousé sa cousine Néfertiti et que son fils Toutankhamon aurait épousé sa demi-sœur Ankhésenpaton. De même, la tradition sémitique rapporte l'existence de mariage incestueux dans la famille de Moïse, puisque ce dernier serait le fruit des relations sexuelles d'Amram et de sa tante Jokébed (Ex 6, 20).

31) Akhenaton et son peuple installés dans la ville d'Akhetaton (ce nom est très proche phonétiquement de celui du pharaon) disparaissent mystérieusement de l'histoire égyptienne. *Idem*, Moïse et son peuple installés dans la ville de Ramsès (ce nom est celui du pharaon) disparaissent lors de l'exode de l'histoire égyptienne (Ex 12, 37.41).

32) Selon les égyptologues, le peuple égyptien à l'instigation des prêtres d'Amon de Thèbes poursuivit les partisans d'Akhenaton. Pareillement, la tradition sémitique rapporte que le peuple égyptien poursuivit les partisans de Moïse (Ex 14, 6 - 8).

33) À l'époque d'Akhenaton, nous avons un responsable du temple du nom de Mérirê, et un autre du nom de Panahésy. De même, à l'époque de Moïse nous avons un responsable du temple du nom de Mérari, et un autre du nom de Pinhas alias Phinées en grec (Ex 6, 16 - 25).

Dans son livre (*Moïse le pharaon*, éd. Du Rocher, p. 157), Rolf Kraus n'a trouvé que quatorze points de parallèles entre Moïse et Masesaya alias Amenmoses, et comme il le dit lui-même pour certains points de comparaison, des incertitudes demeurent à des degrés divers. Or dans la liste ci-dessus, Nillon a trouvé plus de trente points de convergence entre la vie du pharaon Akhenaton et celle du Moïse biblique. À ce point Nillon soutient David Icke (*Le plus grand secret*, p. 147) qui dit qu'il n'y a pas de preuves historiques de l'existence d'un homme appelé Moïse à part dans les textes produits par les Lévites et dans d'autres écrits et opinions que ces textes ont inspirés. Certains disent que c'était un nom d'emprunt pour le pharaon égyptien Akhenaton.

Nillon en arrive à affirmer que le pharaon Akhenaton et le Moïse biblique ne sont qu'une seule et même personne. Il soutient qu'en rédigeant, la Bible mille ans plus tard que les faits décrits dedans, les scribes se basèrent sur ce qu'avait retenu la tradition orale et pour le reste, ils laissèrent libre cours à leur imagination.

Il nous rappelle qu'en 586 av. J.C, les Juifs subissent une véritable catastrophe nationale et identitaire. Suite à cette catastrophe, renchérit Nillon, des Juifs s'enfuient en Égypte, pour former la communauté d'Éléphantine, après une période de persécution, ils gagnent l'Éthiopie, se mélangeant avec une partie de la population noire, ils formeront la fameuse communauté des Falasha. Mais pour les Juifs restés sur place, tous les piliers sur lesquels s'établissait leur identité étaient alors détruits : le clergé et le roi Sédécias, médiateurs entre le peuple et Élohim, étaient exilés à Babylone.

En effet, à l'instar des autres peuples, poursuit Nillon, les Juifs étaient polythéistes et idolâtres comme le révèlent leurs propres documents. Leurs ancêtres possédaient des Téraphim, c'est-à-dire des idoles domestiques représentant différentes divinités (Gn 31, 17 - 35). Ils se prosternèrent devant les Ashéra, c'est-à-dire un pieu ou un arbre sacré attribut d'une divinité » (Jg 6, 25 - 30). Le premier livre de Samuel dit explicitement : « Malheur à nous ! Qui nous délivrera de la main de ces dieux puissants ? Ce sont ces dieux qui ont frappé les Égyptiens de toutes sortes de plaies dans le désert (1Sm 4, 8), ou encore un papyrus araméen d'Éléphantine daté de 398 av. J.C, qui dit : « Le salut de tous les dieux, abondamment en tout temps », mais aussi une tablette assyrienne du roi Sargon II au 8e siècle av. J.C, disant ceci : « Je comptai pour prisonniers 27 280 personnes ainsi que leurs chars et les dieux en qui ils se confiaient ».

Ces documents sont connus de tous les chercheurs, et nous pouvons constater que le monothéisme ancestral des Juifs n'est qu'une vue de l'esprit remontant au 4e siècle av. J.-C. Le Temple de Jérusalem, où se trouvait l'arche contenant les fameux Élohim, symbolisant la présence divine auprès du peuple, était en ruine. Selon Nillon, le pays était occupé par une puissance étrangère ; les dieux des Juifs Yaho, Anath, Bethel, Ishum, Herem (papyrus araméens d'Éléphantine) étaient impuissants face aux dieux des Babyloniens (Marduk, Bel, Ishtar). Il ajoute :

« Pour maintenir un tant soit peu l'identité juive et sortir de cette période de crise, en 398 av. J.C, sous la direction du scribe et sacrificateur Esdras, les intellectuels juifs acculturés à la sauce babylonienne (Dn 1, 1-8) se mirent à rassembler le maximum de traditions sémitiques, afin d'opérer une véritable renaissance du peuple juif, en fondant une nouvelle identité basée sur la Torah, avec ses récits, ses rites et ses lois. Bien évidemment, pour que cette Torah soit acceptée par la masse, il fallait lui donner une certaine antériorité et une paternité, c'est alors que les scribes inventèrent à cet effet le personnage de Moïse, non pas de toutes pièces, mais à partir du personnage d'Akhenaton »[106].

Quand Israël veut apprivoiser Dieu et en faire une propriété privée, celui-ci se révèle par les événements tragiques, une défaite face aux Philistins, qu'on ne peut l'exploiter magiquement par le transport de l'arche d'alliance (1 Sm 4). Plus tard Israël découvrira après l'exil que l'on ne peut pas confiner Dieu au Temple : « Au Seigneur l'univers et sa richesse… » (Ps 23)… « que les peuples, Dieu, te rendent grâce, qu'ils te rendent grâce

---

[106] NILLON P., *La véritable Bible de Moïse*, cité in http : // vuesdumonde.forumactif.com/t3402 - ceci - est - la - veritable - bible - de - moise - akhenaton (4 - 5 - 2013) ; in http : // kamitik.com/vrai - bible.htm (4 - 5 - 2013).

tous ensemble » (Ps 67). ... « Ma maison sera une maison de prière pour tous les peuples » (Is 56).

C'est progressivement, encore que certains Juifs, par l'événement Jésus et le mystère pascal, découvriront que Dieu ne fait pas de partialité entre les nations (Ac 10 - 11). Paul, un Juif fervent qui a découvert Jésus, dira que le Dieu de Jésus-Christ ne privilégie ni Juif, ni Grec, ni homme ni femme, ni esclave, ni homme libre, mais il fait de tous des descendants d'Abraham et cohéritiers du Christ (Ga 3, 27 - 29). Il est alors le Père de tous, car il y a un seul Seigneur, Dieu le Père, un seul Seigneur Jésus-Christ, un seul Baptême et un seul Esprit (Ep 2 - 4) et Dieu sera tout en tous (1Co 15, 20 - 28). C'est par fidélité au message de Jésus et Paul que Martin Luther King et Desmond Tutu comprendront qu'il ne peut pas y avoir un Dieu pour les Blancs et un autre pour les Noirs. Toute discrimination raciale est une contradiction contre le monothéisme et contre l'Évangile.

Même la théologie la plus élaborée du christianisme, issu du judaïsme, et la foi trinitaire plonge les racines en Afrique traditionnelle et continue en Afrique moderne :

> *« Dans notre livre De l'origine kamite des civilisations africaines (Paris : Menaibuc, 2008, p. 71 - 86), écrit Luka Lu Ne Nkuka, nous avons entre autres analysé deux mythes trinitaires. L'un est des anciens Égyptiens et l'autre des Fang (Cameroun, Gabon, Guinée). Ces deux textes traitent de la création du monde et de l'apparition du mal. Dans le mythe égyptien*

intitulé *Le livre pour connaître les évolutions de Râ, et pour vaincre Apopis*, Dieu *"Râ"*, dit : *"j'ai engendré de moi-même les dieux Shu et Tefnut, et ainsi du fait d'avoir été un seul dieu (ou, le dieu unique) je suis devenu trois dieux"* (Voir Luka Lusala lu ne Nkuka, *De l'origine kamite des civilisations africaines*, p. 79). Nous avons discuté à la page 81, note 54 de notre livre cette traduction *"trois dieux (three gods)"* que nous devons à Wallis Budge (E. A. W. Budge, *Legends of the Egyptian Gods*, New York : Dover Publications, Inc., 1994, p. 11). Selon les preuves que nous avons apportées, la traduction correcte serait *"dieu trois"*, c'est-à-dire dieu en trois. Et chez les Fang, cette conception de Dieu trois est très explicite. Le mythe analysé dit en l'occurrence : *"Nzame était trois, et ses noms étaient Nzame, Mebere et Nkwa"* (Voir Luka Lusala lu Ne Nkuka, *De l'origine kamite des civilisations africaines*, p. 71). Pour parachever l'œuvre de la création, les trois travaillent ensemble dans une parfaite communion. Je ne connais pas une étude qui ait montré une influence du Dieu trois africain sur la doctrine chrétienne de la trinité. Mais lorsque l'on sait que l'un des plus grands chantres de la trinité chrétienne est justement un Africain, à savoir *saint Augustin, on ne peut s'empêcher de commencer à réfléchir sur un tel lien* »[107].

Selon Flavien Muzumanga Ma-Mumbimbi[108], la religion telle qu'expérimentée en Afrique ne relève pas seulement de l'action créatrice dans sa valence différenciatrice de Dieu par rapport avec l'être humain (causalité efficiente). En plus, dans et par cette action, affirme-t-il, Dieu se donne lui-même tel qu'il est (Trinité) dans la religion dont il est le fondement/fondateur actuel et ultime. C'est dans cette autocommunication eschatologique de Dieu, à partir de la RÂ, qui fait qu'en Afrique l'on puisse vivre un vrai rapport religieux, parental et filial, entre Dieu et l'être humain. Ce rapport religieux est une relation d'amour traduite par le diagramme parental, Père (Pater/Mater) et enfants/fils et filles (tekna), vice versa. C'est à partir de cette relation parentale que nous pouvons avoir accès à la relation parentale, unique et absolue, entre le Père (Pater/Mater) et son Fils (Huios), conclut Muzumanga.

---

[107] LUSALA LU NE NKUKA L., *Les traces de Dieu dans les cultures. Traditions africaines*, in http : // www.congonova.org/revue (16 - 4 - 2012).
[108] F. MUZUMANGA MA MUMBIMBI, *Trinité lumière des Religions traditionnelles africaines. De la pluralité à l'unité de la Religion Africaine*,
in http : // etudesafricainesdelatrinite.blogspot.com.tr/2009/05/trinite - lumiere - des - religions.html (28 - 03 - 2014).

Sur toute l'étendue de l'Afrique, dit Muzumanga, l'on constate que l'on connaît Dieu. Cette connaissance (ratio) est amour (voluntas), de telle sorte que le Créateur est aussi Parent. Il y a non seulement une dépendance par l'acte de la création, mais également une relation d'amour réciproque, une connaissance réciproque qui n'abolit pas le mystère du Dieu toujours inconnu. Ainsi, la religion telle que vécue en Afrique n'est pas réduite à l'effort cognitif de la personne humaine dans sa recherche de Dieu.

À supposer que tel était le cas, l'horizon d'une filiation africaine dans la grâce, vécue à partir de la RÂ, ne serait pas non plus un chemin sans issue[109]. En effet, comme l'a démontré K. Rahner, l'effort cognitif de l'esprit humain ne trouve sa plénitude que dans l'amour. L'unicité de l'esprit humain, esprit orienté ontologiquement vers le mystère, n'admet aucun dualisme entre la raison et l'amour[110]. Cette affirmation permet de dire que la RÂ est

---

[109] Cf. CONCILE VATICAN I, *Const. dogm. Dei Filius*, Canon 1 - 3 ; Denz., n° 3004 - 3005, cité par Muzumanga Ma Mumbimbi F., *Trinité lumière des Religions…*, in http : // etudesafricainesdelatrinite.blogspot.com.tr/2009/05/trinite - lumiere - des - religions.html (28 - 03 - 2014). .

[110] K. RAHNER., *Traité fondamental de la foi. Introduction au concept du christianisme*, Paris, Centurion, 1983, p. 33 - 36, cité par Muzumanga Ma Mumbimbi, *Trinité lumière des Religions…*, in http : // etudesafricainesdelatrinite.blogspot.com.tr/2009/05/trinite - lumiere - des - religions.html (28 - 03 - 2014).

une réponse amoureuse de l'Africain(e) à l'initiative absolue de l'autocommunication libre de la Trinité. Elle est une réponse amoureuse que les Africain(e)s donnent par l'Esprit-Saint, principe hypostatique de la sagesse africaine (*EA*, n° 61), au Père/Mère. En effet, sans cette présence hypostatique de l'Esprit-Saint dans la RÂ, l'Africain(e) n'aurait pas de connaissance de Dieu, ni moins encore, un amour de et pour Dieu[111]. Une impossible absence de présence hypostatique de l'Esprit-Saint dans la RÂ impliquerait également une impossibilité, de la part de Dieu de connaître et d'aimer l'Africain(e). C'est un argument traditionnel. Il n'y a pas de connaissance et d'amour de Dieu qui n'implique pas personnellement l'amour notionnel. C'est en cela que l'Afrique se rend compte de la miséricorde de Dieu. En effet, Dieu lui assure la présence de son Esprit-Saint. Et ce dernier fait que l'Africain, pratiquant de la RÂ, puisse appeler Dieu « Papa/Maman »[112]. À mon avis, seule l'expression « Religion africaine » a l'avantage de cristalliser en la libérant des préjugés la relation d'amour

---

[111] THOMAS D'AQUIN, *SCG*, 4, 23, cité par Muzumanga Ma Mumbimbi, *Trinité lumière des Religions…*, in http : // etudesafricainesdelatrinite.blogspot.com.tr/2009/05/trinite - lumiere - des - religions.html (28 - 03 - 2014).
[112] GANTIN, B. (Card.), *Il primato della vita oltre ogni condizione umana, particularmente in Africa*, dans *Dolentum Hominium* 31, Année 11, n° 1 (1996), p. 182 : « Dans une de langues parlées au sud de mon pays, le Bénin, l'homme est appelé 'Père de la vie' et le nom qui indique la fécondité de Dieu est la 'Mère de la Vie' ».

familial qui existe entre Dieu et l'Africain. La RÂ a aussi l'avantage de servir de cette base parentale et filiale pour éclairer l'affirmation chrétienne selon laquelle "Dieu est Amour"[113]. De fait, l'histoire de la réception chrétienne des valeurs africaines montre que suite à ladite réception, l'on considère « Dieu est Amour » en tant qu'il est, en lui-même[114] et pour nous, famille[115]. Comme l'affirme

---

[113] Cf. MUZUMANGA Ma - Mumbimbi, F., *Eschatologie chrétienne. Analyse dogmatique de la musique congolaise*, dans RASM 10 - 11 (1999), p. 154 - 192, in http : // etudesafricainesdelatrinite.blogspot.com.tr/2009/05/trinite - lumiere - des - religions.html (28 - 03 - 2014).
[114] Cf. R. RALIBERA, *Théologien - prêtre et développement de la culture négro - africaine*, dans *Présence Africaine* 2, 38 (1959), p. 154 - 187, p. 167 ; TEMPELS, P., *Notre rencontre*, Léopoldville, Centre d'Études Pastorales, 1962, p. 46 ; SWIDERSKI, S., *Aperçu sur la Trinité et la pensée triadique chez les Fang au Gabon*, dans *Canadian Journal of African Studies* 9, 2 (1975), p. 235 - 257 ; NGOY KATAWHA, *A la recherche des fondements théologiques du concept « Église de Dieu »*, dans *RAT* 26, 51 (2002), p. 65 - 70 ; comp. CASTILLA Cortázar, B., *La nombres de la familia a imagen de la Trinidad*, dans *EsTr* 38 (2003), p. 521 - 536 ; cité par MUZUMANGA Ma - Mumbimbi, *Trinité lumière des Religions*, in http : // etudesafricainesdelatrinite.blogspot.com.tr/2009/05/trinite - lumiere - des - religions.html (28 - 03 - 2014).
[115] CONFÉRENCE ÉPISCOPALE DU CONGO, *Nouvelle Évangélisation*, n° 20 ; *MSA*, n° 24 - 25, cité par MUZUMANGA Ma - Mumbimbi, *Trinité lumière des Religions*, in http : // etudesafricainesdelatrinite.blogspot.com.tr/2009/05/trinite - lumiere - des - religions.html (28 - 03 - 2014).

Musumanga, l'analogie de la famille abouche à l'expérience et à la compréhension de la relation existant entre Dieu et l'homme dans le sens de l'amour identifié à l'*actus essendi*[116]. Il précise que cela ne veut pas dire que Dieu se constituerait tel dans sa relation familiale avec l'être humain. Au contraire, ajoute-t-il, c'est ce dernier qui se réalise comme personne dans son rapport filial envers Dieu. Dieu est, en lui-même, Famille éternelle avant de devenir la Famille ultime de l'être humain. Et de conclure que l'analogie de la famille nous permet de comprendre assez facilement Dieu comme le don de soi par soi-même[117]. Cette même analogie nous oriente vers la compréhension de l'être humain en tant communion et communication[118], co-réflexion et un inter-être[119].

---

[116] MUZUMANGA M - Mumbimbi, *Trinité lumière des Religions*, in http : // etudesafricainesdelatrinite.blogspot.com.tr/2009/05/trinite - lumiere - des - religions.html (28 - 03 - 2014).

[117] KÖRNER, B., *La gnoseologia teologica alla luce di una ontologia*, dans *Abitando la Trinità*, p. 79 - 93, p. 80 - 82, cité par MUZUMANGA Ma - Mumbimbi, *Trinité lumière des Religions*, in http : // etudesafricainesdelatrinite.blogspot.com.tr/2009/05/trinite - lumiere - des - religions.html (28 - 03 - 2014).

[118] GRESHAKE, G., Il Dio Unitrino, p. 198 - 342, cité par MUZUMANGA Ma - Mumbimbi, *Trinité lumière des Religions*, in http : // etudesafricainesdelatrinite.blogspot.com.tr/2009/05/trinite - lumiere - des - religions.html (28 - 03 - 2014).

[119] SALMANN, E., La natura scordata. Un futile elogio dell'oblativo, dans Abitando la Trinità, p. 27 - 43, p. 39, cité par MUZUMANGA Ma - Mumbimbi, *Trinité lumière des Religions*, in http : //

Abordant dans le même sens, Bujo affirme qu'aujourd'hui, on ne peut plus douter de ce que la foi en Dieu en Afrique noire a concerné et concerne majoritairement le monothéisme. Ainsi, dit-il, la majorité des peuples noirs, avant l'arrivée des missionnaires, n'adoraient pas des dieux, mais un Dieu unique. Par conséquent on peut dire sans aucune crainte que l'originalité du christianisme n'est pas d'avoir apporté le monothéisme, car nos pères (et mères) en Afrique noire connaissaient l'Être suprême. Pour lui, le Dieu dont il s'agit est le seul Dieu Un et Trine, Créateur et Seigneur de l'univers qui a parlé à Israël[120]. Il est nommé selon les différentes langues, mais c'est l'Unique. Les Bahema et le Walendu du Congo (RDC) disent que Dieu se soutient lui-même, il n'a pas besoin qu'on lui vienne en aide, il ne finit pas. Les Banyarwanda et les Barundi du Rwanda et du Burundi l'appellent *Imana* alors que les Bashi du Congo (RDC) parlent de *Nyamuzinda*[121] (principe et fin

---

etudesafricainesdelatrinite.blogspot.com.tr/2009/05/trinite - lumiere - des - religions.html (28 - 03 - 2014).
[120] B. BUJO, *Nos ancêtres ces saints inconnus*, in *BTA* 1 (1976)165 - 178.
[121] J. B. KABAZANE - D. LUDUNGE MIRHIMANYO, *Nyamuzinda e Bushi. Omurhondero g'okuyalizibwa kw'Emyanzi y'Akalembe*, Collection "Culture et Christianisne", Bukavu, 2007.

de tout) ou *Nyamubaho* (l'éternel) ou encore *Nnamahanga* (l'unique maître de l'univers)[122].

En Afrique le monothéisme se conçoit en fonction de la vie. Dieu est l'unique source de la vie. Celle-ci se conçoit comme une participation à Dieu, mais elle se transmet à travers d'autres instances supérieures. Une telle hiérarchie est double, elle concerne le monde invisible et le monde visible[123].

1. Au niveau du monde invisible :

    - Dieu en tant que source unique de la vie
    - Les fondateurs du clan qui jouissent en premier lieu de la vie participée de Dieu
    - Les héros, les parents défunts y compris d'autres membres du clan, et finalement les autres êtres invisibles ainsi que les forces terrestres en partie visibles.

2. Au niveau du monde visible, l'on a :

    - Le roi (et la reine mère) ainsi que ceux qui participent au pouvoir royal

---

[122] Cf. BUJO B., *Introduction à la théologie africaine*, Academic Press Fribourg, Fribourg, 2008, p. 20.
[123] BUJO B., *Introduction à la théologie africaine*, p. 22 - 23 ; Cf. V. MULAGO, *Éléments fondamentaux de la religion africaine*, in *Religions Africaines et Christianisme*, Vol I, n° 17, p. 45 - 49.

- Les chefs des clans ainsi que les ainés de chaque clan
- Les pères de famille
- Les autres membres des familles et communautés soumis au même roi.

En effet il y a une interaction entre ces deux mondes, entre les vivants et morts que les ethnologues du 19e siècle appelaient « animisme ».

Selon Kiatezua[124], nous pouvons montrer que pour plusieurs raisons l'Afrique n'est pas et n'a jamais été animiste, car la définition traditionnelle de l'animisme[125],

---

[124] KIATEZUA LUBANZADIO LUYALUKA, *L'Afrique est-elle animiste ?*, in http : // animiques.wordpress.com/lafrique - est-elle - animiste/15 - 4 - 2012.

[125] Hutton Webster définit l'animisme comme les croyances surnaturelles impersonnelles capricieuses dont l'homme est obligé de supplier le secours. Webster, comme d'autres anthropologues évolutionnistes, place l'animisme au bas d'une échelle où l'homme à peine sorti de l'animatisme (la crainte irraisonnée de la nature) n'a pas encore évolué vers le polythéisme, pour culminer dans le monothéisme. Pour les évolutionnistes donc, l'Afrique (étant animiste) est moins évoluée que l'Occident sur l'échelle de croyance aux forces surnaturelles. WEBSTER, H., *la Magie dans les sociétés primitives*, Payot, Paris, 1952, cité par KIATEZUA LUBANZADIO LUYALUKA, *L'Afrique est-elle animiste ?* in http : // animiques.wordpress.com/lafrique - est - elle - animiste/15 - 4 - 2012. Les créationnistes, qui forment un courant opposé à l'évolutionnisme,

implique qu'on ne peut pas être à la fois animiste et monothéiste. Les missionnaires qui ont passé de longues années dans le continent berceau de l'humanité, n'ont jamais contredit le monothéisme des tribus africaines, insiste-t-il.

Selon lui, le monothéisme est une valeur originelle de la spiritualité négro-africaine, une valeur issue de ses origines égyptiennes[126]. En effet, contrairement aux égyptologues qui s'évertuent à nous faire croire que l'Égypte était polythéiste et que le monothéisme y était une tentative du pharaon Akhenaton soldé en échec, George Rawlinson nous dit qu'à côté de la religion populaire commune, la croyance des masses, il y avait une autre qui prévalait parmi les prêtres et les gens éduqués. La doctrine première de cette religion

---

en ce qu'ils affirment que tout est le produit de la création, affirment que la religion originelle de tout peuple était un monothéisme basé sur le sacrifice animal, mais, selon eux, la plupart des nations ont régressé du monothéisme suite à la perte de leurs livres sacrés ou du contact avec leurs prophètes. Ainsi, pour eux, l'animisme est un état de régression en partant du monothéisme et en passant par le polythéisme. R. BROW, *Religion : origins and ideas*, in www.brow.on.ca/Books/Religion, cité par KIATEZUA LUBANZADIO LUYALUKA, *L'Afrique est-elle animiste ?*, in http : // animiques.wordpress.com/lafrique - est- elle - animiste/15 - 4 - 2012.
[126] KIATEZUA LUBANZADIO LUYALUKA, *L'Afrique est- elle animiste ?*, in http : // animiques.wordpress.com/lafrique - est- elle - animiste/15 - 4 - 2012.

ésotérique était une unité essentielle réelle de la Nature Divine[127].

Kiatezua conclut que c'est de l'Afrique que la notion de monothéisme s'est répandue dans le monde occidental, de sorte qu'il serait aujourd'hui aberrant de faire croire aux gens que l'Occident est demeuré inchangé dans cette haute valeur théiste depuis la création, comme semblent le faire croire les créationnistes. Pour lui, la tendance de l'élite occidentale à confiner l'Afrique dans le giron de l'animisme, n'est que l'ingratitude d'un élève qui renie son maître.

Par contre, il constate qu'aujourd'hui une certaine élite occidentale, consciente de la défaillance de la vision de ses prédécesseurs, tourne le dos à leur conception de l'animisme, ainsi la parapsychologie le définit aujourd'hui comme simplement la croyance à l'existence d'une forme de vie avant comme après la mort[128]. Mais une telle vision de choses est commune à l'Afrique et au christianisme si on fait une lecture correcte de la Bible. Les disciples témoignent d'une croyance à l'existence avant la naissance (l'animisme) quand il demande à Jésus à propos de l'enfant aveugle :

---

[127] G. RAWLINSON, *Ancient Egypt*, London, cité par KIATEZUA LUBANZADIO LUYALUKA, *L'Afrique est-elle animiste ?*, in http : // animiques.wordpress.com/lafrique- est-elle - animiste/15 - 4 - 2012.
[128] *Obe oobe the out of body experience*, http : // web - us.com/oobe/oobe.htm, cité par KIATEZUA LUBANZADIO LUYALUKA, *L'Afrique est-elle animiste ?*, in http : // animiques.wordpress.com/lafrique-est-elle - animiste/15 - 4 - 2012.

« Ses disciples lui firent cette question : Rabbi, qui a péché, cet homme ou ses parents, pour qu'il soit né aveugle ? » (Jn 9, 1 - 3). Cet enfant né aveugle ne pouvait avoir commis un péché occasionnant sa cécité qu'avant sa naissance, dans une autre forme d'existence. Jésus affirme qu'Abraham, Isaac et Jacob sont vivants (Lc 20, 37 - 38) peut-on voir de l'animisme en cela.

Pour Kiatezua, il est donc absurde d'opposer en Afrique animisme et christianisme, on doit plutôt y parler de monothéisme africain traditionnel et monothéisme scolastique chrétien. Il conçoit que le culte des esprits que l'on qualifie à tort, faute de bien le définir, d'animisme est aussi pratiqué dans Christianisme. En effet, dit-il, la Bible définit clairement les anges comme des esprits au service des hommes, et l'épître aux Hébreux fait apparaître clairement que les « saints » sont des esprits parvenus à la perfection (He 12, 23). Il conclut que c'est donc incorrect de designer le culte monothéiste de l'Africain d'animiste en opposition à un christianisme qui est perçu comme monothéiste. En réalité, poursuit-il, l'animisme, en tant que culte des esprits, est indissociable de tout système d'adoration des êtres surnaturels personnels, qu'il soit polythéiste ou monothéiste. L'Afrique est toujours monothéiste, le culte est toujours adressé en dernier lieu à Dieu malgré les intermédiaires ancêtres[129]. Dal Corso confirme :

> « *Il existe en effet, nombreux intermédiaires : les devins, les magiciens, les chefs coutumiers, les anciens, mais le groupe le plus important sont les mânes, auquel chacun appartiendra. Les animaux et les objets ne peuvent pas être des intermédiaires : il n'y a pas d'idoles dans la religion traditionnelle africaine* »[130].

---

[129] J. MBITI, *Oltre la magia*, Sei, 1992, p. 64 citato da M. DAL CORSO, *Religioni tradizionali. Africa ed America Latina*, EMI, Bologna, 2013, p. 57.
[130] DAL CORSO M., *Religioni tradizionali*, p. 57 ; on peut lire avec intérêt tout le paragraphe sur l'idée de Dieu, p. 54 - 58.

Chapitre 3

Comparaison des Monothéismes

III.1. L'Afrique traditionnelle nous enseigne un monothéisme tolérant

III.1.1. L'Afrique Antique kamitique

Pour Kiatezua[131], la nature hiérarchique du monothéisme de l'ancienne Égypte implique l'existence d'une unité essentielle des religions négro-africaines, et ce, malgré les divergences doctrinales, initiatiques et rituelles. À l'instar de l'Égypte ancienne, cette unité implique les conceptions suivantes[132] :

---

131 KIATEZUA L. L., *Monothéisme negro - africain*, in https : // animiques.wordpress.com/le - monotheisme - negro - africain/ (24 - 11 — 2014)

[132] KIATEZUA L. L., Monothéisme négro - africain, in https : // animiques.wordpress.com/le - monotheisme - negro - africain/ (24 - 11 — 2014).

- L'unité du monde des vivants de ce plan et celui des vivants de l'au-delà, le monde visible et l'invisible.

- Le renforcement mutuel entre les hommes et les ancêtres vivants.

- La résurrection dans l'au-delà, qui implique la continuité de la vie après la mort.

- La prière de l'intercession des ancêtres illuminés, qualifiée faussement de culte des ancêtres par ceux qui ne comprennent pas la religion négro-africaine.

- La création comme l'œuvre d'un Démiurge solaire.

- La présence de la divinité en l'homme, le Verbe ; ce qui implique le salut par la grâce, par le Verbe et par la sanctification.

Kiatezua note que c'est cette religion que Moïse, un initié de la religion d'Osiris, a apprise aux Israélites, des Africains ayant fui l'Égypte après la débâcle d'Akhenaton, comme le démontre admirablement Nillon dans son livre intitulé *Moïse, l'Africain*. Les Juifs, comme leurs cousins arabes sont des Sémites, tandis que les véritables Israélites (qui ont été déportés pour toujours par les Assyriens) et les Cananéens étaient des Égyptiens, c'est-à-dire des Négro-africains qui avaient la même religion !

Kiatezua constate que l'intolérance des Juifs et des Arabes, renforcée par l'influence négative de l'épistémologie matérialiste de l'Occident, l'épistémologie lunaire, qu'ils ont adoptée au détriment de l'épistémologie solaire, les a amenés à se détourner du monothéisme hiérarchique leur enseigné par les civilisations solaires égyptienne et babylonienne, et à introduire un monothéisme intolérant qui sera la principale cause des désastres que l'histoire nous enseigne : l'esclavage, la colonisation, l'extermination des Indiens d'Amérique et des Aborigènes d'Australie tout comme la plupart des guerres dans le monde qui ont souvent une cause liée à la religion.

Kiatezua propose que le théologien négro-africain du troisième millénaire fasse une relecture de la Bible et du Coran à la lumière des civilisations qui étaient les soubassements de ces enseignements : les civilisations solaires de l'Égypte ancienne et de la Babylone. Il met en garde que les traditions établies sur bases des présuppositions de la philosophie occidentale par les Juifs, les Arabes, les Romains et leurs descendants ne doivent guider une telle entreprise, comme c'est malheureusement le cas aujourd'hui. Leurs présuppositions de bases dans la nouvelle interprétation des Écritures saintes chrétiennes et musulmanes doivent être les postulats essentiels de la religion négro-africaine, martèle-t-il. Kiatezua renchérit[133] :

---

[133] KIATEZUA L. L., Monothéisme négro - africain, in https : // animiques.wordpress.com/le - monotheisme - negro - africain/ (24 - 11 — 2014).

> « *L'histoire démontre que dans l'Égypte antique le monothéisme hiérarchique était un facteur de paix et de cohésion des peuples ; c'est ce système qui était à la base de la supériorité de la civilisation des Pharaons. Le monothéisme hiérarchique est donc une valeur qui doit permettre à l'Africain non seulement de reforger son unité spirituelle, mais aussi d'aider à l'instauration d'une nouvelle ère de paix dans le monde* ».

Au plan religieux, l'Afrique a longtemps vécu dans la diversité et la tolérance. Aucune ethnie-nation n'a conçu que sa voisine avait un autre Dieu différent du sien, conscience à laquelle l'Ancien Testament formera Israël progressivement. En Afrique traditionnelle, Dieu ne faisait pas partie de bagarres comme ce fut le cas du monothéisme scolastique chrétien en Occident[134]. Dieu étant loin et proche, il ne se mêle pas aux querelles des personnes.

D'après Luka Lusala Lu Ne Nkuka, Dieu, dans la religion kamite (de l'égyptien *km* : noir), est transcendant et en même temps immanent. Il est invisible et inconnu, mais en même temps accessible aux hommes. Un des noms de

---

[134] LUSALA LU NE NKUKA, *Les traces de Dieu dans les cultures. La Tradition africaine*, in http : // www.congonova.org/revue/index.php?option=com_content&view=article (16 - 4 - 2012).

Dieu chez les Égyptiens anciens est « *Im* »[135]. D'après Wallis Budge, ce nom signifie « le caché (the "hidjeb one")[136]. Dieu est donc caché à l'homme. En effet, proche de ce nom est le verbe « *in* » : cacher, qui a comme déterminatif en hiéroglyphe un homme blotti derrière un mur[137]. Mais le nom « *Imn* » attribué à Dieu dévoile également sa proximité du monde. Les Bashi du Congo considèrent Dieu comme providence et unificateur des humains : « *Emâna ehâna ci erhagulirwa* = On reçoit de la Providence, on ne lui achète rien. Les dons de Dieu sont gratuits »[138]. Ils disent aussi : « *Lungwe alunga ci arhalungûla* = Dieu unit, mais ne désunit pas »[139]. Et pour dire que toute personne mérite respect, ils disent : « *Ntaye orhishibwi na Lungwe ci yene acigaye* = Tout le monde est connu de Dieu, mais on se croit trop petit pour être ainsi connu »[140]. Outre de signifier « le caché », « *Imn* » (Amon) signifie : « Le Voyant », « Le

---

[135] Lusala Lu Ne Nkuka, *Les traces de Dieu dans les cultures. La Tradition africaine*, in http : // www.congonova.org/revue/index.php?option=com_content&view=article (16 - 4 - 2012)
[136] E. A. W. Budge, *The Egyptians Book of the Dead*, New York : Dover Publications, 1967, p. cxxvi.
[137] Voir A. Gardiner, *Egyptian Grammar*, Oxford : Griffith Institute, Ashmolean Museum, 2001, p. 442.
[138] A. Kagaragu Ntabaza, *Emigani bali bantu. Proverbes et Maximes des Bashi*, Libreza, Bukavu, 1984, p. 81.
[139] Kagaragu Ntabaza A., *Emigani bali bantu. Proverbes et Maximes des Bashi*, p. 163.
[140] Kagaragu Ntabaza A., *Emigani bali bantu. Proverbes et Maximes des Bashi*, p. 207.

Grand Dieu » (du fait qu'il domine tout de sa vue, à cause de son regard proprement panoramique »[141]. Moustafa Gadalla affirme que le nom Râ attribué aussi à Dieu « signifie littéralement secret, caché », dans la mesure où Râ refusa de révéler son nom à Isis, « l'être qui pourtant lui était le plus cher »[142]. Mais l'on sait que par la suite, Râ divulgua son nom caché en demandant à son nom de quitter son corps pour entrer dans le corps d'Isis, sans être prononcé, de sorte qu'il ne soit pas entendu d'une autre personne[143]. Ici la relation entre Dieu et sa créature est interpersonnelle. Dans l'hymne à Akhnaton, on rencontre une formulation qui montre la relation universelle que Dieu entretient avec le monde et avec les hommes en particulier, et puis une autre formulation qui montre la relation interpersonnelle qu'il a avec ceux qui lui sont proches : « Tu as fait le ciel lointain pour t'y lever et pour embrasser de la vue tout ce que tu as créé (…), lorsque tu t'es levé en ta forme de disque vivant qui apparaît puis resplendit, qui est loin, mais demeure proche (…). Tout œil te voit en face de lui, parce que tu es le disque du jour au-dessus de la terre » ; « Mais parce que tu es parti, plus aucun des êtres n'existe

---

[141] OBENGA T., *Origine commune de l'égyptien ancien, du copte et des langues négro-africaines modernes*, L'Harmattan, Paris, 1993, p. 128.
[142] M. GADALLA, *Comprendre la religion égyptienne*, Jean - Cyrille Godefroy, Paris, 2002, p. 71
[143] C. LALOUETTE, *Contes et récits de l'Égypte ancienne*, Flammarion, 1995, p. 102.

que tu as créés pour ne te point contempler (uniquement toi) même. (Bien que) nul (ne te voie) de ceux que tu as créés, tu demeures (pourtant) dans mon cœur. Il n'y a point d'autre qui te connaisse. Excepté ton fils Nefer-Kheperou-Râ Wâ-en Râ, car tu fais en sorte qu'il connaisse tes desseins et ta puissance »[144].

Parlant de la manière dont les Bakongo se représentent Dieu, Joseph Van Wing fait observer : « Nzambi n'est pas de la catégorie des êtres qu'on représente, dont on a une connaissance expérimentale. Il n'est ni un homme, ni une femme, ni un ancêtre (*nkulu*), ni un ancêtre-héros du commencement (*nkita*), ni un esprit des eaux (*kisimbi*), ni un animal, ni la terre, ni quoi que ce soit d'autre que Nzambi Mpungu. Nzambi est unique, séparé de tout le reste, invisible et cependant vivant, agissant souverainement, indépendant, insaisissable et inabordable, et cependant dirigeant les hommes et les choses de tout près et avec une absolue efficacité. « Nzambi est vraiment Nzambi »[145]. Les Barundi disent la même chose que les Bakongo : « Imana, Dieu, existe, et il est Source de vie » ; il est « le préexistant unique, créateur de toutes choses » ; il est

---

[144] Voir OBENGA T., *La philosophie africaine de la période pharaonique*, p. 86 - 87
[145] J. VAN WING, *Études Bakongo*, p. 306, cité par LUSALA LU NE NKUKA L., *Les traces de Dieu dans les cultures. La Tradition africaine*, in http : // www.congonova.org/revue/index.php ?option=com_content&view=article (16 - 4 - 2012)

« toujours prêt à écouter qui le prie » ; « On n'a jamais vu *Imana*, mais seulement ses signes ; ce sont eux qui guident les *Barundi* dans toutes les circonstances de la vie » ; échappant à toute définition, « Imana n'Imana (Dieu est Dieu) »[146]. Chez les Yoruba, Dieu qu'on appelle tantôt « Olorun »[147], tantôt « Olodumare »[148] est supposé demeuré loin et avoir peu d'intérêts pour les hommes. On ne s'adresse à lui que comme dernier recours[149]. Il n'a ni temples ni prêtres[150]. Les Bashi disent de lui : « Nyamuzinda ye ndi wahali » = « Dieu s'appelle 'qui était présent' ? ». Bien des actes de Dieu échappent au contrôle et au témoignage humain.

---

[146] T. M. L. MUSANIWABO, *Les chemins de la Sagesse*, p. 13, 22, 50, 161, cité par LUSALA LU NE NKUKA L., *Les traces de Dieu dans les cultures. La Tradition africaine*, in http : // www.congonova.org/revue/index.php?option=com_content&view=article (16 - 4 - 2012)

[147] R. F. THOMPSON, *L'éclair primordial*, Paris : Éditions Caribéennes, 1985, p. 5, cité par LUSALA LU NE NKUKA L., *Les traces de Dieu dans les cultures. La Tradition africaine*, in http : // www.congonova.org/revue/index.php?option=com_content&view=article (16 - 4 - 2012)

[148] J. MASSON, *Père de nos pères*, Roma : Editrice Pontificia Università Gregoriana, 1988, p. 266.

[149] P. A. TALBOT, *Peoples of Southern Nigeria. II. Ethnology*, London : Oxford University Press, 1926, p. 29.

[150] R. J. GEHMAN, *African Traditional Religion in Biblical Perspective*, Kijabe : Kesho Publications, 1989, p. 131.

Et pourtant, chez les Yoruba, Dieu se manifeste par une foule d'esprits ou de divinités appelés « Orisha »[151]. « Ils sont les messagers et les incarnations de l'*àshe*, la maîtrise spirituelle, le pouvoir-de-faire-arriver-les-choses, la propre lumière de Dieu, la source de tous les possibles, rendue accessible aux hommes et aux femmes »[152]. Cette manifestation de Dieu aux hommes à travers plusieurs modes est déjà présente en Égypte ancienne[153]. Dans *Le livre pour connaître les évolutions de Râ, et pour vaincre Apopis*, Râ dit : « Je suis venu à l'existence à partir de la matière primordiale, et dès le début je suis apparu sous la forme des choses multiples qui existent »[154]. Et dans l'hymne d'Akhenaton nous

---

[151] MASSON J., *Père de nos pères*, p. 266, cité par LUSALA LU NE NKUKA L., *Les traces de Dieu dans les cultures. La Tradition africaine*, in http : // www.congonova.org/revue/index.php?option=com_content&view=article (16 - 4 - 2012).

[152] THOMPSON R. F., *L'éclair primordial*, p. 5, cité par LUSALA LU NE NKUKA L., *Les traces de Dieu dans les cultures. La Tradition africaine*, in http : // www.congonova.org/revue/index.php?option=com_content&view=article (16 - 4 - 2012).

[153] Ici on peut lire avec intérêt une série d'articles dans une œuvre collective, J. M. AVELINE (édit.), *Les religions de l'Égypte ancienne* (Chemins de Dialogue 44), Association Chemin de Dialogue, Marseille, 2014.

[154] Voir LUSALA LU NE NKUKA L., *De l'origine kamite des civilisations africaines*, p. 78.

lisons : « Tu crées des millions de formes de toi-même, étant seul »[155]

Dans le dialogue œcuménique, l'Africain comprendra avant le Juif et l'Européen que c'est le même Dieu qui parle dans la Bible, quand les auteurs sacrés s'inspirent de Moise/Akhenaton, initiateur du monothéisme[156].

C'est progressivement que certains Juifs, par l'événement Jésus et le mystère pascal, découvriront que Dieu ne fait pas de partialité entre les nations (Ac 10 - 11)[157]. Paul, un Juif fervent qui a découvert Jésus, dira que le Dieu de Jésus-Christ ne privilégie ni Juif, ni Grec, ni homme ni femme, ni esclave, ni homme libre, mais il fait de tous des descendants d'Abraham et cohéritiers du Christ (Ga 3, 27 - 29). Il est alors le Père de tous, car il y a un seul Seigneur, Dieu le Père, un seul Seigneur Jésus-Christ, un seul baptême et un seul Esprit (Ep 2 - 4) et Dieu sera tout en tous (1Co 15, 20 - 28). C'est par fidélité au message de Jésus et Paul que Martin Luther King et

---

[155] Voir OBENGA T., *La philosophie africaine de la période pharaonique*, p. 87.
[156] *Le Monothéisme biblique. Évolution, contextes et perspectives* (LD 244), sous la direction d'Eberhard et Thierry Legrand, Cerf, Paris, 2011, sommaire, http : // www.editionsducerf.fr/html (16 - 4 - 2012).
[157] X. LEVIEILS, *Identité juive et Foi chrétienne : la place de l'étranger dans le peuple de Dieu (I - IVe siècle)*, in Jean RIAUD, (a cura di), *L'étranger dans la Bible et ses lectures* (LD 213), Cerf, Pais, 2007, p 205 - 245.

Desmond Tutu comprendront qu'il ne peut pas y avoir un Dieu pour les Blancs et un autre pour les Noirs. Toute discrimination raciale est une contradiction contre le monothéisme africain et contre l'Évangile. Un observateur non averti affirmerait comme Dal Corso qu'on ne définit pas Dieu comme Amour, car les Africains parlent rarement d'amour[158]. À considérer seulement les noms propres des personnes en rapport avec l'amour entre les hommes d'un côté et Dieu d'un autre, on remarque que dans la plupart des cultures africaines les noms propres expriment une vision du monde et la vocation humaine à l'amour. Par exemple, en langue mashi, les noms : Busime, Buzigire, Nzigire, Antonya, Ansima, Kalunga, expriment l'amour de Dieu envers les hommes et les hommes entre eux. Sans l'apport de la Bible qui n'est pas sans lien avec l'Afrique cette lacune d'attribut de Dieu comme amour manquerait aussi en Occident qui parle du *Deus* latin.

III.1.2. La Bible hébraïque puise à la conception africaine de Dieu

En effet dans la Bible hébraïque, le Créateur est désigné sous les noms de El - qui peut prendre les formes d'Eloha, d'Elohîm -, d'Adonaï et de IHVH parfois abrégé en Yah ou Yahou. Le terme « El » appartient au vocabulaire commun des peuples sémitiques et dérive

---

[158] DAL CORSO M., *Religioni tradizionali*, p.55.

selon Chouraqui[159], d'une racine qui veut dire : « fort, puissant, antérieur à tout, celui vers qui on aspire et vers qui on se tourne, etc. » C'est exactement le même sens que « Nyamuzinda » chez les Bashi du Congo. En outre Elohîm est un pluriel, un intensif qui sert à indiquer une totalité de puissances, sans pour autant témoigner de l'existence d'un certain polythéisme chez les Hébreux. La preuve est que dans le premier verset de la Genèse, il n'est pas dit, Elohîm *créèrent*, mais Elohîm *créa*, « bara » étant au singulier ! Toutefois l'appellation de Dieu comme lumière, conception remontant à l'Afrique, est universelle. Un juif réclame, à tort, l'originalité du Dieu YHWH par rapport au *Deus* latin en prônant ceci :

> « *Le mot DIEU s'est glissé dans la langue française, au 9e siècle, après avoir fait, comme on l'a vu, ses classes en grec puis en latin. Il a donc des origines païennes. L'ancêtre du mot Dieu, DEI, a de tout temps exprimé la lumière du soleil et les phénomènes naturels qui s'observent dans et sous le ciel. L'aîné de la famille DEI est notre mot Jour - du latin DIURNUS, qui par érosion phonétique a successivement donné : DI-OURNOUS, I -OURNOUS, I-OUR, puis enfin JOUR en français. Le second mot de la famille*

---

[159] Cf. A. YESHA'YAHOU, *Le mot Dieu héritage culturel greco - latin*, in http : // yeshayahou.over - blog.com/article - le - mot - dieu - 1 - heritage - culturel - greco - latin - 57332137.html (29 - 05 - 2013).

DEI qui a aussi bénéficié d'une belle promotion est JUPITER, formé de I-OUR et de PATER, le JOUR PERE, pour ainsi dire le JOUR qui, par la lumière solaire, engendre tout ce qui existe. Les Romains ont par la suite adopté, sous le nom de JUPITER, le ZEUS des Grecs. Dans la foulée, le ZEUS grec, qui se prononçait ZE-OUS, a glissé jusqu'au DEUS latin, prononcé DE-OUS. Et c'est ainsi que, recentré en français sur la racine DI, déjà relevée dans DI-URNUS et DI-ES, le vocable DIEU a pris naissance du latin DEUS. La Bible hébraïque a été avec les traductions occidentales, transvasée dans des langues qui ne correspondaient pas à son génie propre. Les Écrits sacrés, c'est le moins qu'on puisse dire, ont été ostensiblement dénaturés, aliénés. Les traductions occidentales de la Bible ont ainsi enseigné que Dieu, en fait Jupiter, était le créateur de l'Univers. Et cela est, depuis plusieurs siècles, profondément ancré dans nos structures mentales. IHVH - Adonaï, l'entité principale de la vraie Bible, a été, si l'on ose dire, troqué. On l'a habilement échangé contre ZEUS-JUPITER, déguisée avec les oripeaux de DIEU... Après tout, l'entité nommée IHVH - Adonaï Elohîm par les Hébreux peut être aussi appelée Dieu en français ? Cela ne revient-il pas au même ? Sûrement pas ! Les composants des noms hébreux sont minutieusement dosés, d'une manière précise, et couplés de valeurs numériques. On observe là-dessus que le nom *d'Elohîm, qui est le plus important de la révélation biblique est le premier à être radicalement éjecté de la majorité des traductions occidentales...* De fil en aiguille, le nom *d'Elohîm*, malicieusement traduit en français par Dieu, est rendu dans chaque langue par le nom du dieu traditionnel qui lui est propre. Est-ce normal ? Si oui, acquiesceriez-vous si un prédicateur d'origine indienne enseignait ses frères en disant : au commencement Shiva créait les cieux et la terre ? Ou si un prédicateur Ghanéen enseignait en disant : au commencement Nyamien créait les cieux et la terre ? Aussi voudrais-je savoir de vous une chose : Qui de Shiva, Nyamien ou *d'Elohîm* dans la Bible, fit sortir son peuple d'Égypte ? Lequel d'entre eux s'est révélé à Moshè et au peuple d'Israël ? Lequel donna à son peuple la Torah ? C'est *Elohîm*, évidemment ! Il n'existe aucune possibilité d'équivalence, ni aucune éventualité d'assimilation entre les dieux traditionnels tels que Shiva, Nyamien ou autres et IHVH - Adonaï, l'*Elohîm* d'Israël. L'entité céleste qui apparut à Avraham, à Yitshak, à Yaacov, puis à Moshè dans la Bible ne s'est révélée à aucune autre nation sur la terre, excepté Israël, car est-il dit : « Narrateur de sa parole à Yaacov, de ses lois, de ses jugements à Israël, il n'agit ainsi pour aucune nation : elles ne pénètrent pas ses *jugements. Hallelou-Yah !* » (Psaumes 147, 19 - 20)[160].

Or l'originalité que réclame Yesha'Yahou n'est qu'un héritage égyptien, donc africaine comme nous l'avons souligné et démontré à maintes reprises. La lecture de Yesha'Yahou ne tient pas compte des évidences historiques et linguistiques du rapport entre la religion des Hébreux et celle de l'Égypte, surtout la similitude entre Moise et Akhenaton.

III.1.3. Le monothéisme africain n'a pas été trop altéré au cours des siècles

Au fond, les milliers de religions nées depuis la préhistoire, débutée en Afrique, comportent les mêmes ingrédients[161] :

> « *Un monde des esprits, des rites de passage, d'institution, de guérison, une morale collective destinée à organiser la vie en commun. Ce qui*

---

[160] A. YESHA'YAHOU, *Le mot Dieu héritage culturel greco - latin*, in http : // yeshayahou.over - blog.com/article - le - mot - dieu - l - heritage - culturel - greco - latin - 57332137.html (29 - 05 - 2013).
[161] DORTIER, J - F., *Le Pape et les Pygmées. À la recherche de la Religion première*, in http : // www.scienceshumaines.com/le - pape - et - les - pygmees - a - la - recherche - de - la - religion - premiere_fr_15091.html (20 - 12 - 2012). Tous les paragraphes s'inspirent du même auteur.

> *varie d'une religion à l'autre, c'est l'accent mis sur tel ou tel dispositif : la forme que prennent les prières (le sacrifice n'est pas universel), le nombre de dieux inscrits au panthéon, les types d'interdits et de commandements qui règlent la vie de chaque société ».*

Dortier[162] remarque encore que lorsque l'on se plonge dans la littérature ethnologique sur les mythes et rites des sociétés traditionnelles, on ne peut manquer d'éprouver un sentiment troublant. Face aux mythes bantous de création du monde, aux rituels d'initiation des Nuers ou aux esprits, on a le sentiment d'aborder une culture radicalement différente, un univers mythique et religieux étrange avec ses esprits de la brousse, ses masques et statuettes de bois, ses rituels de transe, ses sacrifices d'animaux, ses danses endiablées.

Et Dortier d'insister :

> *« Au fil des lectures des études ethnologiques consacrées aux Yoruba, Baoulés, Fangs et Dinkas, etc., le sentiment d'étrangeté finit par se dissiper. Au contraire s'installe un sentiment de*

---

[162] DORTIER, J - F., *Le Pape et les Pygmées. À la recherche de la Religion première*, in http : // www.scienceshumaines.com/le - pape - et - les - pygmees - a - la - recherche - de - la - religion - premiere_fr_15091.html (20 - 12 - 2012). Tous les paragraphes s'inspirent du même auteur.

répétition, l'impression que le même scénario se répète un peu partout. Des airs toujours différents, mais composés de séquences de notes identiques. Le panthéon baoulé, par exemple, avec son dieu Nyamien, ses multiples divinités invoquées pour les rituels agricoles ou la naissance des enfants, ses statuettes de bois, ses grandes cérémonies - pour les mariages, funérailles, fêtes annuelles -, n'est pas si éloigné de tout l'appareil religieux que l'on trouve au Japon avec le shintoïsme, dans le bouddhisme indien, l'hindouisme populaire ou le christianisme européen. Les distinctions traditionnelles entre animisme, paganisme, polythéisme, monothéisme s'estompent lorsque l'on s'intéresse à leur structure commune : un panthéon de dieux, des formes de culte destinées à s'attirer leurs faveurs, une morale visant à encadrer les comportements de chacun et à assurer la vie en communauté. Non pas que ces religions n'aient pas de différences entre elles. Mais ces variations portent sur les visages des divinités, l'accent mis sur tel ou tel rituel, l'institutionnalisation de telle ou telle forme de culte, la distribution des rôles entre les différents spécialistes du sacré (chamane, prêtre, devin-guérisseur). Mais au fond, l'armature fondamentale est la même »[163].

---

[163] DORTIER, J - F., *Le Pape et les Pygmées. À la recherche de la*

Pénétrant les intentions du Pape, Dortier affirme[164] :

> « *Quand le pape envoyait ses ethnologues au fond de la forêt équatoriale africaine, c'était pour confirmer l'universalité du monothéisme. À l'époque, récoltant les croyances sur toute la planète, le père Wilhelm Schmidt avait entrepris de rédiger une œuvre immense –* L'Origine de l'idée de Dieu *(20 vol., 1912-1918) –, destinée à montrer l'universalité du monothéisme sur les autres formes religieuses. La thèse fut toujours controversée et n'eut jamais de réelle prise dans le monde de l'anthropologie. Mais l'idée d'une universalité des formes religieuses pourrait bien renaître aujourd'hui sur de tout autres bases. Le monothéisme n'est ni la première ni la dernière-née des religions. Elle n'est que l'une des formes d'une structure religieuse unique qui a pris au cours de l'histoire de multiples facettes* ».

Religion première, in http : // www.scienceshumaines.com/le - pape - et - les - pygmees - a - la - recherche - de - la - religion - premiere_fr_15091.html (20 - 12 - 2012). Tous les paragraphes s'inspirent du même auteur.
[164] DORTIER, J - F., *Le Pape et les Pygmées. À la recherche de la Religion première*, in http : // www.scienceshumaines.com/le - pape - et - les - pygmees - a - la - recherche - de - la - religion - premiere_fr_15091.html (20 - 12 - 2012). Tous les paragraphes s'inspirent du même auteur.

Au niveau culturel et historique,

> « *la mondialisation, en marche de façon significative dans les colonies au lendemain de la Seconde Guerre mondiale, a proposé à l'Afrique des apports culturels et techniques favorables à l'éveil de la conscience de ses sociétés aux problèmes du temps et à l'urgence pour, elle, d'aller aux vraies solutions. Il suffirait pour cela que l'Afrique ait le courage de penser par elle-même, et de se remettre sérieusement en question pour que, dans la mondialisation, elle ne soit pas un pauvre pion dans les mains de partenaires aux dents et aux griffes acérées. Affronter la fourberie de l'Occident et le cynisme des multinationales, c'est prométhéen, mais c'est la condition pour que l'Afrique ne disparaisse pas. L'audace de penser par soi-même, et l'amour propre dont, depuis les indépendances, elle n'a plus su ce que c'est à force de compromission et de lâcheté* »[165].

---

[165] D. NGOIE NGALLA, « Une histoire et un passé d'apocalypse, civilisation figée, la place et la chance de l'Afrique dans la mondialisation », in http : //reflexions - actuelles - dnn.blogspot.it/ (25 - 6 - 2012).

III. 2. Un monothéisme agressif est une déviation

III.2.1. Le monothéisme biblique aborde le conflit inhérent aux humains

Dieu n'a pas besoin d'être défendu. C'est plutôt l'homme qui a besoin de protection et du salut. C'est par égoïsme individuel ou culturel que les hommes veulent tirer Dieu, chacun de son côté, en érigeant des systèmes de religion et de théologie pour exprimer la foi en l'Unique. C'est ainsi que sont nés le judaïsme, le christianisme, l'islam. Et plus tard chaque système s'est subdivisé. Ça se passe comme en famille où deux frères ou sœurs voudraient chacun ou chacune tirer l'affection des parents au détriment de l'autre (Caïn et Abel, Rebecca et Sarah, Esaü et Jacob, le grand et le petit dans la parabole de l'enfant prodigue).

Selon l'analyse biblique de Zwilling[166], un homme trompe son père et usurpe une bénédiction qui revenait à son frère[167], une femme épouse le mari destiné à sa

---

[166] A. - L. ZWILLING, *Frères et Sœurs dans la Bible. Les relations fraternelles mises en récits dans l'Ancien et le Nouveau Testament* (LD 238), Cerf, Paris, 2011.
[167] Cf. ZWILLING A. - L., *Frères et Sœurs dans la Bible,* p. 80.

sœur[168], des frères vendent l'un d'entre eux à des marchands d'esclaves[169]...

> « *Les récits bibliques sur les relations entre les enfants d'une même famille n'ont rien d'irénique : s'y expriment l'envie et la jalousie, la rivalité et la haine ; on tue, on vole et même on viole au sein de la fratrie ! C'est bien de notre humanité qu'il est question, et de la difficulté de la fraternité. Chacun à leur façon, les récits bibliques explorent les différentes manières dont se vivent et se transforment les relations entre les frères et sœurs. Il faut du temps, des rencontres, une progression personnelle pour que s'établisse ou se rétablisse la relation fraternelle* [170] ».

L'étude que mène Zwilling - par l'analyse narrative - met au jour les enjeux de la relation fraternelle : rien de moins que l'identité de chacun et la possibilité de vivre avec un autre, proche, mais différent. Et l'on s'aperçoit que c'est la triple image d'une fraternité comme projet, d'une fraternité à construire[171], d'une fraternité en espérance, que donnent les récits bibliques.

---

[168] Cf. ZWILLING A. - L., *Frères et Sœurs dans la Bible*, p.56 - 57.
[169] Cf. ZWILLING A. - L., *Frères et Sœurs dans la Bible*, p.96 - 98.
[170] ZWILLING A. - L., *Frères et Sœurs dans la Bible*, encadré de l'éditeur en dernière page de la couverture.
[171] ZWILLING A. - L., *Frères et Sœurs dans la Bible*, p.184.

Cela peut servir d'avertissement pour que personne ne prétende que l'appartenance à la même religion ou foi, ou à la même race, ou encore à la même famille suffit pour vivre en harmonie avec un autre humain. Il faut plutôt une attitude de respect de l'altérité de l'autre et le respect de sa liberté pour un dialogue de rapprochement et de fraternisation. Il en va pour les individus que pour les institutions et les cultures. Tout ce qu'on impose à l'autre, même quand c'est de bonne foi qu'on le fait pour son bien, crée frustration et parfois nourrit la réaction violente[172]. Le monothéisme africain avait longtemps fonctionné dans le respect de l'altérité et la diversité[173] jusqu'au moment où quelques missionnaires des « religions monothéistes » et anthropologues l'ont qualifié de polythéisme et, pire, d'animisme.

Selon le sommaire d'Eberhard Bons et Thierry Legrand[174], dans le débat plus récent, nul ne peut ignorer

---

[172] Cf. MUNZIHIRWA C., *Mécanisme culturels de la domination*, in Spritus 79 (1980)168 - 174.

[173] Deux proverbes mashi résument cet équilibre : 1° Abantu bo baguma (les hommes sont frères) et puis 2° Mwanya gwa cihugo gurhalya gwa cindi : chaque pays est gouverné de sa façon. Deux pays deux souverainetés, A. KAGARAGU NTABAZA, *Emigani bali bantu. Proverbes et maximes des Bashi*, 3ᵉ édition, Libreza, Bukavu, 1963, p. 184.

[174] *Le Monothéisme biblique. Évolution, contextes et perspectives* (LD 244), sous la direction d'Eberhard et Thierry Legrand, Cerf, Paris, 2011, sommaire,

la question de la violence que l'exclusivisme monothéiste est supposé engendrer. Il était donc urgent de reprendre à frais nouveaux la question du monothéisme, de ses enjeux et de ses implications. Des spécialistes - en sciences bibliques, en histoire des religions et en sciences humaines - apportent ici leur contribution.

Les débats actuels nous mettent en garde de ne pas trop opposer monothéisme au polythéisme depuis la découverte des trois inscriptions mentionnant le nom de *YHWH* et son *Ashéra*.[175] Nous constatons aussi que les sources textuelles et archéologiques n'ont pas encore dit le dernier mot sur l'évolution des religions au Moyen-Orient et quel en était l'impact sur la vie sociale et politique. Il ne convient pas de considérer Israël comme une génération spontanée qui aurait réussi à s'éloigner « de manière radicale des pratiques religieuses des peuples qui l'entourent »[176]. Certains ont soupçonné le monothéisme

---

http : // www.editionsducerf.fr/html/index/collection.asp?id_cat=260&id_theme=1&n_col_cerf=104.

[175] Pour une brève présentation du débat, cf. A. LEMAIRE, *Naissance du monothéisme. Point de vue d'un historien*, Bayard, Paris, 2003, p. 73 ; *Le Monothéisme biblique. Évolution, contextes et perspectives* (LD 244), sous la direction d'Eberhard et Thierry Legrand, Cerf, Paris, 2011, p. 11. 13.

[176] *Le Monothéisme biblique. Évolution, contextes et perspectives* (LD 244), sous la direction d'Eberhard et Thierry Legrand, Cerf, Paris, 2011, p. 13.

de jouer à l'exclusivisme et donc être générateur de l'intolérance et de la violence[177].

Considérant ce que nous avons démontré dans le monothéisme africain, l'important n'est pas d'« exprimer l'unicité et l'incomparabilité du Dieu des Juifs et des chrétiens[178]", mais de concevoir la spécificité du Dieu unique, tout en mentionnant les intermédiaires qui, en Israël comme chez les chrétiens, et surtout chez les Africains ne prennent pas la place de Dieu et ne sont pas en réalité des dieux. Comment le monothéisme juif et chrétien a reçu l'apport des philosophes issus du monde « païen » qui évoquaient le Dieu un ?[179]

Au cours de cinq premiers siècles, l'Église ancienne a développé une christologie ainsi qu'une doctrine de la trinité en recourant à des notions bibliques et philosophiques[180]… le titre Fils de Dieu indique une

---

[177] C'est le point de vue de J. ASSMANN, *Le traumatisme monothéiste* in *Le monde de la Bible* 124 (2000) 29 - 34 ; *Le prix du monothéisme*, Aubier, Paris, 2007.
[178] *Le Monothéisme biblique. Évolution, contextes et perspectives* (LD 244), sous la direction d'Eberhard et Thierry Legrand, Cerf, Paris, 2011, p. 18.
[179] *Le Monothéisme biblique. Évolution, contextes et perspectives* (LD 244), sous la direction d'Eberhard et Thierry Legrand, Cerf, Paris, 2011, p. 21.
[180] *Le Monothéisme biblique. Évolution, contextes et perspectives* (LD 244), sous la direction d'Eberhard et Thierry Legrand, Cerf, Paris, 2011, p. 433 - 434. 436 - 454

origine céleste du Christ, mais en même temps conciliable avec le monothéisme selon l'évangile de Marc que Riemer Roukema[181] analyse. Il trouve que la description de Jésus historique s'inspire d'un monothéisme exclusif tout en offrant une ouverture au monothéisme inclusif où le Christ est qualifié de *Kurios*, titre divin réservé à Dieu dans les Évangiles et dans les Actes.

III.2.2. Les monothéismes postérieurs doivent apprendre la tolérance de leur ancêtre africain

Un apport scientifique de qualité, sur une question qui prend aujourd'hui de l'importance, contribuera certainement au dialogue actuel et au respect réciproque. Ainsi l'exégèse participera à l'apaisement de nos sociétés[182]. Nous pouvons conclure que le Judaïsme a hérité le monothéisme de l'Afrique, le Christianisme a approfondi le monothéisme juif en s'ouvrant aux différentes cultures. Les trois monothéismes, à savoir le judaïsme, le Christianisme et l'Islam, dernier né de la famille, devraient enterrer leur hache de guerre pour faire

---

[181] R. ROUKEMA, *Le monothéisme de l'évangile de Marc*, in *Le Monothéisme biblique. Évolution, contextes et perspectives* (LD 244), sous la direction d'Eberhard et Thierry Legrand, Cerf, Paris, 2011, p.163 - 180.

[182] Cf. *Le Monothéisme biblique. Évolution, contextes et perspectives* (LD 244), sous la direction d'Eberhard et Thierry Legrand, Cerf, Paris, 2011, mot de l'éditeur sur la couverture.

honneur à leur ancêtre, le MONOTHÉISME AFRICAIN. L'Église qui est en contact avec beaucoup de cultures devrait appliquer beaucoup de zèle à découvrir cette richesse et apaiser les tensions suivant l'exemple de l'Égypte ancienne qui professait le monothéisme hiérarchique dont parle Kiatezua en ces termes[183] :

> « *Les Égyptiens ne se souciaient pas des divergences qui existaient entre leurs différents courants religieux, les voyant plutôt comme complémentaires.*
>
> *Le prosélytisme et les conflits liés à la religion sont absents dans les anales de la vie de ce peuple ancien. Le seul conflit de ce genre est celui qui a permis aux Égyptiens de se défaire de l'outrage d'Akhenaton qui voulait unifier la nomenclature liée au Dieu créateur.*
>
> *Chaque nation qui était conquise par l'Égypte voyait ses dieux intégrés dans la hiérarchie divine. Seul le monothéisme hiérarchique permet se comportement ; l'alternative inverse est le monothéisme scholastique intolérant qui dans ce cas combat les religions des nations conquises* ».

---

[183] KIATEZUA L. L, *Monothéisme négro - africain*, in https : // animiques.wordpress.com/le - monotheisme - negro - africain/ (24 - 11 - 2014).

III.3. François d'Assise précurseur lointain du Vatican II réconcilie deux monothéismes agressifs

Avec Saint François d'Assise, nous apprendrons que nul homme n'est digne de nommer Dieu (*Cant. des créatures*). Alors toutes les liturgies de différentes religions ne sont que des formes imparfaites du langage humain pour parler à Dieu et parler de Dieu. C'est pourquoi Dieu exige de ceux qui le célèbrent d'être conscients de son non-apprivoisement et d'être cohérents dans le rapport avec le prochain (Lv 19, 2.34 ; Is 1, 1-16 ; Jr 23). Comme dans l'Afrique traditionnelle, nul n'est autorisé à imposer sa religion à l'autre. Alors nous sommes invités à corriger les erreurs du passé où chacun voulait imposer à l'autre le Dieu qui ne connait que sa langue.

C'est encore de François d'Assise que nous apprenons qu'un chrétien pouvait visiter un musulman sans lui faire la guerre. Il est un des chrétiens qui ont compris leur vocation.

III.3.1. François d'Assise avec le Sultan[184] comme paradigme

En 1219, saint François d'Assise rencontre le Sultan d'Égypte à Damiette, sur les bords du delta du Nil, en pleine folie d'une croisade. Rencontre pacifique et bienveillante avec l'Islam, qui prend tout son sens en cette fin du 20e siècle. Elle devient en effet une invitation pressante à vivre notre foi au Christ dans le respect de nos frères musulmans. Il nous faut ouvrir les portes à la courtoisie de Dieu. Tel est le leitmotiv du livre de Gwenolé Jeusset[185] qui analyse le face à face peu ordinaire entre le chrétien François d'Assise et le musulman Al-Kâmil. La conviction de l'auteur est qu'il s'agit d'un événement-source qui doit nous permettre de surmonter nos méfiances, nos peurs, et nos intégrismes actuels. Une aventure qui peut avoir une résonance immense à l'orée du troisième millénaire. Gwenolé perçoit l'expérience et l'action de François comme une leçon historique qui rappelle aux croyants que quel que soit leur credo, au jour du jugement, Dieu appréciera les saints de toutes les

---

[184] Cf. LES FRANCISCAINS DU QUEBEC, *François d'Assise et la rencontre avec le Sultan*,
in http : // www.franciscain.org/pages/rencontre_avec_le_sultan.html (27 - 11 - 2013).
[185] Cf. Résumé sur la couverture du livre de Gwenolé JEUSSET, *Rencontre sur l'autre rive. François d'Assise et les musulmans*, Éditions Franciscaines, Paris, 1996, Nouvelle édition revue et augmentée, Editions Aubin Michel, Paris, 2006.

religions que les seigneurs de la guerre, car il a créé l'homme pour aimer et jamais pour haïr[186].

Il n'est plus à démontrer que nous vivons de plus en plus dans une société où les différentes cultures se côtoient, s'entremêlent et s'entrechoquent même. Dans les grandes villes du pays, il est plus facile de faire ce constat. Les habitants des zones urbaines vivent à côté des personnes d'origines ethniques diverses tandis que dans les milieux ruraux, cela est plutôt rare, mais les gens savent par les médias ou par des connaissances que les personnes venant d'autres pays se font davantage présents[187].

C'est pourquoi les Franciscains trouvent important de s'engager dans le dialogue religieux et culturel. Plusieurs frères œuvrent dans des organismes ou des projets de dialogues inter religieux s'inspirant en cela de l'expérience de François d'Assise avec le Sultan[188]. Il est en effet inspirant de constater que même au Moyen-âge, au temps de François d'Assise, des chrétiens ont voulu établir des

---

[186] J. GWENOLE, *Saint François et le Sultan* (Spiritualités vivantes), édit. Albin Michel, Paris, 2006, p. 15.
[187] Cf. LES FRANCISCAINS DU QUEBEC, *François d'Assise et la rencontre avec le Sultan*, in
http : // www.franciscain.org/pages/rencontre_avec_le_sultan.html (27 - 11 - 2013).
[188] Cf. LES FRANCISCAINS DU QUEBEC, *François d'Assise et la rencontre avec le Sultan*, in
http : // www.franciscain.org/pages/rencontre_avec_le_sultan.html (27 - 11 - 2013).

relations harmonieuses avec d'autres religions, en particulier avec l'Islam, au lieu d'encourager la guerre et la violence.

Même si François d'Assise était allé rencontrer le Sultan dans l'idée de le voir convertir vers la religion chrétienne, il y a dans sa démarche une volonté de réconciliation et de paix. Et encore plus réconfortant, c'est que nous pouvons appliquer à notre temps les leçons de cette rencontre profonde, pleine d'humanité et de tendresse.

Au Canada et ailleurs, les Franciscains souhaitent contribuer à l'éveil des jeunes sur l'existence d'autres cultures, d'autres religions que l'on se doit de respecter.

Ils puisent l'histoire de cette rencontre entre François d'Assise et le Sultan tel que rapporté par saint Bonaventure qui a écrit en 1266 tout en rendant le texte plus compréhensible pour les lecteurs d'aujourd'hui[189]. Quelques changements au texte original le rendent plus accessible[190].

---

[189] Cf. LES FRANCISCAINS DU QUEBEC, *François d'Assise et la rencontre avec le Sultan*, in
 http : // www.franciscain.org/pages/rencontre_avec_le_sultan.html (27 - 11 - 2013).
[190] Cf. LES FRANCISCAINS DU QUEBEC, *François d'Assise et la rencontre avec le Sultan*, in

III.3.1.1. Contexte de la rencontre en 1219

« S'exposant avec courage aux dangers de tous les instants, François voulait se rendre chez le sultan de Babylone en personne. La guerre sévissait alors, implacable entre chrétiens et Sarrazins, et les deux armées ayant pris position face à face dans la plaine, on ne pouvait sans risquer sa vie passer de l'une à l'autre.

Mais dans l'espoir d'obtenir sans tarder ce qu'il désirait, François résolut de s'y rendre. Après avoir prié, il obtint la force du Seigneur et, plein de confiance, chanta ce verset du Prophète : « Si j'ai à marcher au milieu des ombres de la mort, je ne craindrai aucun mal, car tu es avec moi ».

S'étant adjoint pour compagnon frère Illuminé, homme d'intelligence et de courage, il s'était mis en route traversant la mer et se retrouvant dans le pays du sultan. Quelques pas plus loin, ils tombaient dans les avant-postes des Sarrazins, et ceux-ci, plus rapides, se précipitèrent sur eux. Ils les accablèrent d'injures, les chargeant de chaînes et les rouant de coups. À la fin, après les avoir maltraités et meurtris de toutes les manières, ils les amenèrent,

---

http : // www.franciscain.org/pages/rencontre_avec_le_sultan.html (27 - 11 - 2013).

conformément aux décrets de la divine Providence, en présence du sultan : c'était ce qu'avait désiré François[191].

À la question du prince qui voulait savoir qui les envoyait, pourquoi et à quel titre, et comment ils avaient fait pour venir, avec sa belle assurance, François répondit qu'il avait été envoyé d'au-delà des mers non par un homme, mais par le Dieu Très-Haut pour lui indiquer, à lui et à son peuple, la voie du salut et leur annoncer l'Évangile qui est la vérité. Puis il prêcha au sultan Dieu Trinité et Jésus sauveur du monde, avec une telle vigueur de pensée, une telle force d'âme et une telle ferveur d'esprit qu'en lui vraiment se réalisait de façon éclatante ce verset de l'Évangile[192] : « Je mettrai dans votre bouche une sagesse à laquelle tous vos ennemis ne pourront ni résister ni contredire » (Lc 21, 15).

Une certaine amitié naît de cette rencontre du chrétien et le musulman :

---

[191] Cf. LES FRANCISCAINS DU QUEBEC, *François d'Assise et la rencontre avec le Sultan*, in
 http : // www.franciscain.org/pages/rencontre_avec_le_sultan.html (27 - 11 - 2013).
[192] Cf. LES FRANCISCAINS DU QUEBEC, *François d'Assise et la rencontre avec le Sultan*, in
 http : // www.franciscain.org/pages/rencontre_avec_le_sultan.html (27 - 11 - 2013) ; Gwenolé relève certains excès du texte de Bonaventure qui donne une image cruelle du Sultan. Cf. GWENOLE J., *Saint François et le Sultan* (Spiritualités vivantes), édit. Albin Michel, Paris, 2006, p. 107 - 118.

« Témoin en effet de cette ardeur et de ce courage, le sultan l'écoutait avec plaisir et le pressait de prolonger son séjour auprès de lui. Il offrit à François de nombreux et riches cadeaux que l'homme de Dieu méprisa comme de la boue : ce n'était pas des richesses du monde dont il était avide, mais du salut des âmes. Le sultan n'en conçut que plus de dévotion encore pour lui, à constater chez le saint un si parfait mépris des biens d'ici-bas. François quitta le pays du sultan escorté par ses soldats »[193].

III.3.1.2. Effet historique de cette rencontre

« Il semble, souligne Albert Jacquard[194] que le sultan n'oublia pas le sourire de François, sa douceur dans l'expression d'une foi sans limites. Peut-être ce souvenir fut-il décisif lorsqu'il décida, dix années plus tard, alors qu'aucune force ne l'y contraignait, de rendre Jérusalem aux chrétiens. Ce que les armées venues d'Europe

---

[193] Cf. LES FRANCISCAINS DU QUEBEC, *François d'Assise et la rencontre avec le Sultan*, in
http : // www.franciscain.org/pages/rencontre_avec_le_sultan.html (27 - 11 - 2013).
[194] A. JACQUARD, *Le Souci des Pauvres*, édit. Flammarion, Paris 1996, cité par LES FRANCISCAINS DU QUEBEC, *François d'Assise et la rencontre avec le sultan*, in http : // www.franciscain.org/pages/rencontre_avec_le_sultan.html (27 - 11 - 2013).

n'avaient pu obtenir, l'intelligence et la tolérance de Malik al-Kâmil permettraient à l'islam de l'offrir. Sans doute le regard clair de François avait-il poursuivi son lent travail dans la conscience de cet homme ouvert à la pensée des autres[195].

En réalité, cette distinction que l'on fait aujourd'hui entre les différentes religions cache la véritable opposition : celle du « Nord » contre le « Sud », et surtout des riches contre les pauvres. En effet les musulmans eux aussi souhaitent bâtir un monde meilleur avec des valeurs humaines et spirituelles[196].

C'est pourquoi afin de continuer le travail de François d'Assise qui désirait ardemment tisser des liens avec les musulmans pour bâtir la paix, les Franciscains du Québec ont tenté des rapprochements avec les gens d'autres religions (amérindiens, bouddhistes, sikhs, juifs, musulmans et des chrétiens de plusieurs dénominations). Ensemble, ils cherchent des moyens pour faire face aux difficultés de notre temps : pauvreté, solitude, violence,

---

[195] GWENOLE J., *Saint François et le Sultan* (Spiritualités vivantes), édit. Albin Michel, Paris, 2006, p. 117.
[196] Cf. LES FRANCISCAINS DU QUEBEC, *François d'Assise et la rencontre avec le sultan*, in http : // www.franciscain.org/pages/rencontre_avec_le_sultan.html (27 - 11 - 2013).

drogue, etc. Il reste d'entamer le dialogue avec l'Afrique authentique[197].

III.3.1.3. Franciscains et dialogues

À Montréal[198], les franciscains ont organisé durant dix ans des prières qui rassemblaient des délégués de huit religions. Ces rassemblements ont suscité des initiatives diverses : prières interreligieuses organisées par des associations, des écoles, des prêtres ou pasteurs chrétiens ; un groupe de femmes musulmanes et chrétiennes ; un Conseil interreligieux.

Ailleurs, au Liban, aux Philippines et en Indonésie, des franciscains et des musulmans s'unissent chaque année pour organiser et vivre un pèlerinage orienté vers la paix ou pour une cause sociale[199].

---

[197] Il s'agit de l'Afrique qui a donné naissance aux monothéismes connus et qui a marqué les Cultures qui restent proches les unes des autres en Afrique. C'est l'Afrique dynamique ouverte à la modernité sans renier son patrimoine culturel.

[198] Cf. LES FRANCISCAINS DU QUEBEC, *François d'Assise et la rencontre avec le sultan*, in
http : // www.franciscain.org/pages/rencontre_avec_le_sultan.html (27 - 11 - 2013).

[199] Cf. LES FRANCISCAINS DU QUEBEC, *François d'Assise et la rencontre avec le sultan*, in
http : // www.franciscain.org/pages/rencontre_avec_le_sultan.html (27 - 11 - 2013).

Dans une école primaire située à Tyr, au Liban[200], des moyens ont été mis en œuvre par les franciscains pour respecter les différences, mais aussi pour éviter de marginaliser un groupe au détriment de l'autre ou d'encourager la compétition entre les religions. Chaque classe, chaque équipe sportive, chaque groupe social compte des jeunes de chaque religion. Dans un match de football, par exemple, on ne verra pas une équipe formée exclusivement de musulmans jouer contre une équipe de chrétiens.

Comme on le constate, il est possible de faire naître des initiatives entre des personnes de différentes religions et de vivre cette fraternité universelle dont François a tant rêvé[201].

La Fraternité et la communion sont le point de départ et le cœur de la mission franciscaine. La Fraternité a une

---

[200] Cf. LES FRANCISCAINS DU QUEBEC, *François d'Assise et la rencontre avec le sultan*, in
 http : // www.franciscain.org/pages/rencontre_avec_le_sultan.html (27 - 11 - 2013).
[201] Cf. LES FRANCISCAINS DU QUEBEC, *François d'Assise et la rencontre avec le sultan*, in
 http : // www.franciscain.org/pages/rencontre_avec_le_sultan.html (27 - 11 - 2013).

identité théocentrique et une dimension prophétique et missionnaire, puisque[202] :

- son origine renvoie à la paternité de Dieu,
- sa construction quotidienne se réalise dans le détachement de soi-même et dans le fait de suivre le Christ comme unique point de référence,
- sa vision prophétique exprime le Royaume déjà à l'œuvre au milieu de nous,
- sa dimension missionnaire vient de ce que le Seigneur nous envoie à « sa vigne » comme des témoins de réconciliation entre nous et avec le Père pour l'édification de son Royaume.

La *Fraternité-en-mission* est libre et libératrice : elle est envoyée au monde entier avec le cœur fixé en Dieu. Ses structures elles-mêmes deviennent signes et sentiers pour un cheminement rapide qui élève l'homme vers Dieu. La tension dynamique et constructive entre les valeurs et les structures accompagnera notre existence, personnelle et communautaire, dans ce pèlerinage terrestre jusqu'au jour de notre mort : il n'existe pas de valeurs sans

---

[202] Cf. LES FRANCISCAINS DU QUEBEC, *François d'Assise et la rencontre avec le sultan*, in
http : // www.franciscain.org/pages/rencontre_avec_le_sultan.html (27 - 11 - 2013).

structures et il ne devrait pas exister de structures sans aucune référence aux valeurs vécues dans le quotidien.

Quand François rencontre le sultan Malik-Al-Kâmil à Damiette en juin 1219, il fait une expérience imprévisible et éclairante (cf. Jacques de Vitry *Lettre IV* ; *1 Cel* 57 ; *LM* 9, 7-9)[203] :

> « *François se présente comme l'envoyé "du Dieu Très-Haut", il se déclare "chrétien" et annonce sa foi, sans proclamer une croisade ; il découvre progressivement dans le sultan un "mystique" et un frère dans la "foi" au Dieu unique, et le sultan à son tour découvre en François un "homme courtois" et croyant. À Damiette s'est réalisé le miracle de la rencontre entre deux personnes très différentes, une rencontre ayant eu lieu sur "la rive de l'autre", dans le respect de la diversité, dans le dialogue courtois, dans l'amour gratuit. François avait expérimenté et découvert une nouvelle façon d'être missionnaire, ce dont nous avons l'écho*

---

[203] LES FRANCISCAINS DU QUEBEC, *François d'Assise et la rencontre avec le sultan*, in
http : // www.franciscain.org/pages/rencontre_avec_le_sultan.html (27 - 11 - 2013).

et l'esprit au chapitre 16 de la Première Règle de 1221.

À Damiette, François a fait l'expérience de la réciprocité. Il a accueilli ce qu'il a vu de positif chez le sultan et est retourné à Assise avec un profond respect pour les Sarrasins qu'il a connus comme des croyants. Il nous montre un autre aspect merveilleux et actuel de l'évangélisation : la mission est écoute et communication ; c'est vivre avec les autres ; c'est choisir d'ouvrir les yeux sur la réalité de l'autre ; c'est croire que le Royaume de Dieu est déjà autour de nous, en profondeur, en chaque personne même non chrétienne (cf. 1 Cel 82) ; c'est donner et recevoir en même temps ».

Dans le domaine du dialogue, le franciscanisme a son mot à dire, mais surtout un exemple et un témoignage à offrir. De fait, la figure, l'expérience et la proposition de François sont un message dont la validité est accueillie et reconnue par les membres de plusieurs confessions et religions différentes. François est un homme de dialogue[204] universel par son expérience évangélique radicale, par son amour de la Parole de Dieu qui a opéré en lui une conversion continue : tout cela a fait de lui un homme nouveau qui a retrouvé l'équilibre des relations

---

[204] Cf. T. VETRALI, *La vocazione ecumenica del francescano*, in *Quaderni di Studi Ecumenici*, n. 3, 2001, p. 123 - 136.

avec Dieu, avec les hommes et avec la création[205], à laquelle chacun peut se référer avec espérance. C'est pourquoi le franciscain est par vocation un homme de dialogue.

III.4. Vatican II a mis les monothéismes en dialogue

Pour Karl Ranher, en analysant l'enseignement du Vatican II, trois périodes caractérisent l'histoire de l'Église[206] :

- La première, la plus brève qui concerne le christianisme judaïque,
- La deuxième concerne la synthèse commencée par Paul entre le judaïsme, l'hellénisme et les cultures européennes.
- La troisième est celle du christianisme qui englobe le monde entier où l'Église se propage.

Celle-ci s'est comportée avant Vatican II comme une maison commerciale qui a toujours des articles tout faits à

---

[205] Cf. PAPE FANÇOIS, *Laudato sii. Lettera enciclica*, Editrice Vaticane, Rome, 2015, n 10 - 12.
[206] B. BUJO, *Introduction à la théologie africaine*, Academic Press Fribourg, Fribourg, 2008, p. 14, citant K. Ranher, *Schriften zur Theologie*, Bd. XIV, Zurich, 1980, 287 - 302.

exporter. Rahner propose de corriger cette méthode pour devenir une Église ouverte au monde et à toutes les cultures. Avant la découverte de Vatican II,

> « *Les Européens se fondèrent sur leur progrès technique et leur avance scientifique incomparables pour affirmer la supériorité de leur civilisation sur les autres sociétés humaines... L'idée d'une hiérarchie des valeurs dans l'échelle des communautés humaines constituait le postulat de base communément admis. Les cultures européennes, imprégnées du christianisme et du rationalisme, représentaient l'absolu de la civilisation, le sommet de l'évolution humaine. Au plus bas de l'échelle se trouvaient les sociétés africaines considérées comme primitives et représentant de ce fait le premier stade de l'évolution humaine* »[207].

Deux extrêmes sont à éviter : vouloir que l'autre me ressemble trop ou vouloir trop défendre mon identité. Dans le premier cas où je ne peux y parvenir, alors je considère que l'autre n'est pas mon frère. Dans le deuxième cas, l'attention excessive portée à soi-même empêche d'observer l'autre et de le considérer comme

---

[207] M. SOME, *Les cultures africaines à l'épreuve*, p. 42.

frère. C'est ce qui apparait dans l'œuvre de Neusner[208] qui qualifie de mythe l'affirmation des traditions communes entre le christianisme et le judaïsme, négligeant ainsi l'apport du pluralisme de la religion juive du premier siècle où est né le christianisme. D'autres chercheurs, tout en montrant que le monothéisme juif, né du pluralisme, fut plus souple que celui imposé par la civilisation chrétienne, admettent que le christianisme a servi au judaïsme de vecteur pour étendre le monothéisme avant le conflit réciproque[209]. Le judaïsme avait mené des persécutions envers le christianisme, de même le christianisme avait persécuté les Juifs et les soi-disant hérétiques. Pour le moment, la solution c'est la réconciliation des mémoires comme l'a proposé ce chrétien du Moyen-âge qu'est St François d'Assise.

---

[208] J. NEUSNER, *Ebrei e Cristiani. Il mito di una tradizione comune* (Guida alla Bibbia), San Paolo Edizioni, 2009.
[209] Sh. SAND, *Comment le peuple juif fut inventé. De la Bible au sionisme*, PDF. Fayard, Paris, 2008, p. 308 - 309.

Chapitre 4

Paradoxe du monothéisme biblique dans le rapport humain

IV.1. De l'interprétation de Gn 10, un préjudice à l'Afrique (agressivité)

Au chapitre 9 de la Genèse se trouvent des préludes pour le chapitre 10[210]. Dieu recommence cette nouvelle phase de l'histoire de l'homme en bénissant Noé et ses fils, et leur disant, comme à Adam, de se multiplier et de remplir la terre.

Après avoir investi Noé du gouvernement, l'Éternel dit : « Et vous, fructifiez et multipliez-vous ; foisonnez sur la terre, et multipliez-vous sur elle ». Autre ordre de Dieu dont les hommes ne tiennent pas compte ; ce qui a pour conséquence qu'au lieu de se multiplier et de remplir la terre, certaines populations diminuent.

---

[210] S. PROD'HOM, *Genèse*, in http : // www.bibliquest.org/SProdhom/SP - at01- Genese_pour_jeunes.htm#TM13 (1 - 3 - 2014).

Suivons ici une compilation de Samuel Prod'hom[211]. Ce chapitre contient les générations des fils de Noé qui se répandirent sur la terre, à la suite de la tour de Babel, dit-il.

Pour Prod'hom, il est donné plus de détails sur les descendants de Cham, à cause des rapports qu'ils eurent avec Israël, soit l'Égypte, l'Assyrie et Babylone, et parce qu'ils occupèrent les territoires que Dieu voulait donner à Son peuple. Il eut quatre fils : Kush, Mitsraïm, Puth et Canaan. C'est de Kush que descendirent les Égyptiens et les Éthiopiens. Ce fut lui qui engendra Nimrod, dont le nom signifie *rebelle*. Insistant sur ce nom, Prod'hom le considère comme personnifiant la puissance et l'importance de l'homme. Pour Prod'hom, on voit en Nimrod l'effort de l'homme opposé à Dieu. N'ayant pu se faire un nom en construisant la tour de Babel, il veut s'en faire un en régnant sur ses semblables, lorsque les hommes furent divisés. Il se maintint à Babel, résistant à Dieu. Prod'hom de remarquer que ce fut un descendant de Cham ; il semble qu'il voulut s'élever contre le jugement de Dieu prononcé sur lui. Il justifie son nom de *rebelle*. C'était la rébellion contre Dieu à tous égards. Hélas ! C'est ce qui caractérise le cœur de tout homme en Adam, conclue Prod'hom.

Il note que le royaume de Nimrod s'étendait dans le pays de Shinhar, dans les plaines de l'Euphrate où la tour

---

[211]PROD'HOM S., *Genèse*, in http : // www.bibliquest.org/SProdhom/SP - at01 - Genese_pour_jeunes.htm#TM13 (1 - 3 - 2014)

de Babel avait été commencée. Ce fut lui qui bâtit Ninive, capitale célèbre des Assyriens, grand ennemi du peuple de Dieu. Babel est aussi nommé Babylone, qui fut dès le début un piège et en opposition au peuple de Dieu. Babylone est devenue la figure du monde puissant, tentateur et oppresseur du peuple de Dieu. Canaan a aussi, avec ses descendants, une mention spéciale, lui qui encourut comme malédiction d'être esclave des esclaves de ses frères. Avait-il été impliqué dans la faute de son père Cham ? se demande Prod'hom C'est possible, puisque son jugement est spécifié, répond-il. Prod'hom, voit la faute de Cham dans sa parenté avec Canaan, le maudit. C'est de lui que descendirent les peuples qui habitèrent le pays qui porte son nom. Ces pays sont désignés au verset 19 ; ce sont ceux que conquirent les fils d'Israël sous Josué. On voit comment Dieu avait les yeux sur la terre qu'Il voulait donner à Son peuple, ainsi qu'il est dit en Deutéronome. 32:8 : « Quand le Très-haut partageait l'héritage aux nations, quand il séparait les fils d'Adam, il établit les limites des peuples selon le nombre des fils d'Israël ».

Pour Prod'hom, on pense en général que la condition des Nègres sous l'esclavage et l'asservissement des autres peuples provient du jugement prononcé sur Canaan. Mais puisque les Nègres ne sont pas les seuls descendants de Canaan, Prod'hom devrait alors nous dire pourquoi de tous les enfants de Canaan qui a été maudit, c'est seulement les Noirs qui payeront.

Les versets 21 à 31 nous donnent la descendance de Sem au point de vue des territoires qu'ils ont occupés. Ce fut dans les jours de Péleg, cinquième génération depuis Noé, que la division des peuples eut lieu par la confusion des langues, lors de la tour de Babel, alors que Noé vivait encore. Ces peuples Sémites peuplèrent plutôt l'Orient et le centre, de même que plusieurs descendants de Cham, précise Prod'hom. Or le terme descendants de Cham désigne les Noirs. Le mythe serait-il en train de justifier un conflit raciste ?

IV.1.1. Interprétation rabbinique, patristique et islamiste

Cham désigne les Noirs[212] parce qu'en hébreu (langue dans laquelle a été écrite le livre de la Genèse) le terme « Cham » renvoie à l'idée de chaleur, de noirci, ou de brûlé. Or en langue pharaonique, le terme « Kam » signifie noir.

Si alors ces peuples hébraïques ont, à des moments de leur histoire, séjourné en Égypte comme le dit la Bible, ça signifie qu'il y a eu des contacts entre ces peuples sémitiques et les peuples africains (noirs). On comprend alors d'où vient ce terme Cham (terme pour

---

[212] Cf. *L'origine du racisme*, in http : // negronews.fr/2013/12/25/culture - lorigine - du - racisme - anti - noir - dans - le - monde/ (27 - 03 - 2014)

désigner l'apparence physique des Noirs), qu'on retrouve dans la Bible[213].

Cham est (si l'on tient compte des contacts entre les peuples sémitiques et les peuples africains dans l'antiquité) une déformation du terme Kam ou Kem (terme signifiant noir, noirci en langue pharaonique), par les rédacteurs de la Bible, comme l'explique Cheikh Anta Diop dans son ouvrage *Nations Nègres et Culture*.

Il est donc normal que Cham soit désigné dans la Bible comme la source des peuples noirs (africains). De plus les traditions des religions dites révélées désignent Cham et ses descendants bibliques comme les noms symboliques pour désigner les peuples originaires d'Afrique.

Si Cham est l'ancêtre des premiers peuples noirs (africains), alors ses fils bibliques Kush (Nubie), Mitsraïm (Égypte) Put et Canaan (Palestine - Syrie) sont des peuples africains à l'origine.

Si alors la malédiction ne concerne que Canaan[214] (fils de Cham dans le texte), comment est-on passé de la

---

[213] *L'origine du racisme*, in http : //africanhistory - histoireafricaine.com/blog/2013/08/16/lorigine - du - racisme - anti - noir - dans - le - monde/ (19 - 08 - 2014).
[214] Cf. A. KABASELE M., *La Parole S'est faite Chair et Sang, Lectures de la Bible dans une société en crise*, Médiaspaul, Kinshasa 2003 ; http : //africanhistory - histoireafricaine.com/blog/2013/08/16/lorigine - du - racisme - anti - noir - dans - le - monde/ (19 - 08 - 2014).

malédiction de Canaan le fils à la malédiction de Cham, son père ?

Eh bien c'est dans l'interprétation et dans l'enseignement des responsables des religions dites révélées (prêtres, papes, rabbins, califes, imams, etc.).

Ainsi pour les commentaires rabbiniques (tels que le Midrash Rabba et le Bereshit Rabba), ce texte est interprété comme le fait qu'à travers l'arche de Noé durant le déluge, Cham a commis un péché grave d'impureté à caractère sexuel contre son père (d'après certaines interprétations de l'expression 'voir la nudité de son père')[215]. Et de ce fait à travers Canaan, c'est Cham qui a été maudit (transformé en noir) lui ainsi que sa descendance biblique (Kush, Mitsraïm, Put et Canaan). La logique ne marche pas ici !!!

Dans le Midrash Rabba, 36, 7, Noé dit a Cham : *"tu m'as rendu incapable de faire des choses au plus noir de la nuit, alors ta postérité (c'est-à-dire ta descendance) sera vilaine et noire de peau »*[216].

---

[215] Ham est maudit en devenant noir de peau pour avoir eu des relations sexuelles dans l'arche de Noé où cela était interdit (cf. Sanhédrin 108b : וחם, ועורב, כלב : לקו וכולם, בתיבה שמשו שלשה : רבנן תנו. כלב - נקשר, עורב - ירק, חם - לקה בעורו.).
[216] S. B. DUMONT, *Le thème chamite dans les sources rabbiniques du Proche - Orient, du début de l'ère chrétienne au XIIIe siècle*, in

Robert Graves et Raphaël Patai[217] nous donnent un autre aperçu de cette malédiction dans un autre texte hébraïque :

> « De plus, puisque tu t'es contorsionné pour voir ma nudité, les cheveux de tes petits enfants s'entortilleront jusqu'à devenir crépus et ils auront les yeux rouges, en outre, puisque tes lèvres ont plaisanté sur mon infortune, les tiennes vont enfler et puisque tu as manqué d'égard pour ma nudité, ils iront tout nus et leur membre viril (sexe) s'allongera ignominieusement ».

Selon ces textes, les caractères physiques africains sont en fait la marque de la malédiction ; au départ de la création, les premiers hommes n'étaient pas noirs. Et s'il existe des Noirs, ça signifie que ce sont des enfants du diable et de la malédiction. Et ainsi, voir un noir tel qu'on peut le voir dans la nature (cheveux crépus, teint noir, etc.) c'est voir quelqu'un de maudit, c'est voir un démon, c'est voir le diable en personne !!! C'est ainsi que les

---

Éthiopiques, vol. III, n 1 - 2 ; 40 - 41 (1985), in http : // ethiopiques.refer.sn/spip.php ?article989 (19 - 08 - 2014).

[217] R. GRAVES - R. PATAI, *Les mythes hébreux*, édit. Fayard, Paris 1987 p 192 - 134, cité dans http : // negronews.fr/2013/12/25/culture - lorigine - du - racisme - anti - noir - dans - le - monde/ (27 - 03 - 2014).

caricatures et les stéréotypes sur la physionomie du Nègre ont commencé dans l'histoire[218].

Le rabbin Maïmonide dans son ouvrage considéré par les Juifs comme le plus grand en matière de philosophie religieuse juive nous dit ceci du peuple noir[219] :

> « *Leur nature est semblable à celle des animaux muets, et selon mon opinion, ils n'atteignent pas au rang d'êtres humains ; parmi les choses existantes, ils sont inférieurs à l'homme, mais supérieurs au singe, car ils possèdent dans une plus grande mesure que le singe l'image et la ressemblance de l'homme* ».

Heureusement ce n'est qu'une opinion personnelle que donne Maimonide ! Dans son livre intitulé *: L'ivresse de Noé : histoire d'une malédiction*[220], Guillaume Hervieux estime que le christianisme se présente comme héritier du judaïsme, et par conséquent, ces idées, du nègre maudit par Dieu, sont passées ensuite dans le christianisme et ont été utilisés par certains membres de

---

[218] Cf. R. GRAVES - R. PATAI, *Les mythes hébreux*, édit. Fayard, Paris 1987 p 192 - 134, cité dans http : // negronews.fr/2013/12/25/culture - lorigine - du - racisme - anti - noir - dans - le - monde/ (27- 03 - 2014).
[219] RABBIN MAÏMONIDE, *Le Guide des égarés*, livre III, chapitre 51, cité dans http : // negronews.fr/2013/12/25/culture - lorigine - du - racisme - anti - noir - dans - le - monde/ (27 - 03 - 2014).
[220] Cf. G. Hervieux, *L'ivresse de Noé. Histoire d'une malédiction*, Perrin, Paris, 2011.

l'Église comme justification de l'esclavage infligé aux Noirs, puisqu'à travers le texte de la Genèse il est écrit : *« Qu'il soit l'esclave des esclaves de ses frères »* !

Ce qui est plus affligeant, c'est de voir ce type d'interprétation relayée jusqu'au XXe siècle, comme on peut encore le lire dans le fameux commentaire de la Tora du rabbin Élie Munk (1900-1981), bien connu du lectorat juif francophone[221].

Certains exégètes antiques, notamment Origène, soutiennent une portée mystico-biblique du pays et des habitants de Kush. La femme Kushite de Moïse (Nb 12, 1) sera considérée comme symbole de l'humanité à qui Dieu envoie sa révélation par Moïse. La Sunamite du Cantique des Cantiques représente les païens qui deviennent l'Église, la reine de Saba symbolise l'Église qui vient à la rencontre du Christ, tandis que le Nègre Ebed-Melekh (Jr 38, 7-13), qui retire Jérémie du puits, la foi des peuples païens en la résurrection[222].

De même ces idées du Nègre maudit par Dieu sont ensuite passées dans l'islam. En effet, dans le Coran on

---

[221] Cf. MUNK E. *La voix de la Tora*, Tome I, Gn 9, 26 et 27, p. 104 - 105 ; cf. http : // www.massorti.com/Face - au - rascisme#nb2 (19 - 08 - 2014)

[222] Cf. PAULIN POUCOUTA, *Engelbert Mveng : une lecture africaine de la Bible*, in *Nouvelle Revue Théologique*, Janv. - Avril 1998, p. 32 - 45.

retrouve dans la sourate Al Imran (la famille d'Imran) versets 106-107 :

> « *Au jour où certains visages s'éclaireront, et que d'autres s'assombriront ». À ceux dont les visages seront assombris (il sera dit) : « avez-vous mécru après avoir eu la foi ? Eh bien, goûtez au châtiment, pour avoir renié la foi. Et quant à ceux dont les visages s'éclaireront, ils seront dans la miséricorde d'Allah, où ils demeureront éternellement ».*

Ce texte n'est pas explicite sur le racisme. Cependant, on retiendra que le livre de Guillaume Hervieux nous promène, avec une érudition éblouissante, au fil des époques, au gré des textes, des cultures, qui ont en commun cette triste pratique de la servitude des peuples. Et si les hommes justifient leurs actes par des soi-disant fondements bibliques, *« définitivement, il n'y a pas de malédiction des Noirs dans ce mythe biblique de Genèse IX. Ni dans la Bible des Juifs, ni dans celle des chrétiens, ni dans le Coran des musulmans, on n'en trouve la trace. Dans les commentaires, oui, mais dans les textes des fondateurs, il n'y a jamais eu de malédiction des Noirs ».*[223]

---

[223] Cf. HERVIEUX G., *L'ivresse de Noé. Histoire d'une malédiction*, Perrin, Paris, 2011, cité dans

IV.1.2. Regard des anthropologues, négriers et missionnaires sur l'Afrique noire

Il est indispensable de mettre en évidence la démarche d'un missionnaire catholique flamand, le célèbre père Placide Tempels, soucieux de faire comprendre à ses contemporains l'existence d'une civilisation *bantu* ayant une conception du monde propre et une philosophie digne d'estime. Son ouvrage[224] dans lequel il s'en explique, a connu une audience phénoménale, à la mesure des polémiques qu'il a suscitées, y compris après l'indépendance. Ce livre apparait comme une réaction occidentale aux thèses occidentales de l'appartenance exclusive de la philosophie à l'Occident et de l'inaptitude des autres peuples à la pensée discursive, abstraite et logique, thèses développées comme on le sait par Hegel[225],

---

http : // www.lemondedesreligions.fr/culture/l - ivresse - de - noe - histoire - d - une - malediction - 16 - 05 - 2011 - 1513_112.php (27 - 03 - 2014).

[224] Placide TEMPELS, *La philosophie bantoue*, Lovania, Elisabethville, 1945, 152 p.

[225] Cf. HEGEL G.W.F., *Leçons sur la philosophie de l'histoire*, Traduction de J. GIBELIN VRIN, Bibliothèque des Textes philosophiques, Paris, 1979. Dans *La Raison dans l'Histoire,* Hegel affirme : « L'Afrique, aussi loin que remonte l'histoire, est restée fermée, sans lien avec le reste du monde ; c'est le pays de l'or, replié sur lui - même, le pays de l'enfance qui, au - delà du jour de l'histoire consciente, est enveloppé dans la couleur noire de la nuit. » Cf. HEGEL G.W.F., *La Raison dans l'Histoire : L'Afrique*, in *Le Monde*

Heidegger[226], Arthur de Gobineau[227] et Lucien Lévy Bruhl[228], pour ne citer que les plus célèbres. Ouvrage de référence en Anthropologie, les tenants de la colonisation

diplomatique, 2007 ; consulté le 16.03.2014 in http : // www.monde - diplomatique.fr/2007/11/HEGEL/15275.

[226] Cf. HEIDEGGER M., *Chemins qui ne mènent nulle part,* trad. W. Brokmeier, Gallimard, Paris, 1962. Antoine - Dver Osongo - Lukadi dans l'approche de l'être - là présentée par Heidegger, a jeté les jalons d'un dialogue probable entre Heidegger et la pensée africaine. L'en jeu est de tenter une réception de Heidegger en Afrique. Cf. OSONGO - LUKADI A.D., *Heidegger et l'Afrique, Réception et paradoxe d'un 'dialogue' monologique*, Bruylant - Académie, Louvain - La - Neuve, 2001. D'autre part, selon Techou R., « Heidegger que beaucoup d'Africains estiment aujourd'hui, pourrait avoir à enseigner aux penseurs africains l'authenticité de leur être - là pour un mieux - être du continent ». Cf. Roland TECHOU, *L'être - là africain et inculturation : essai d'une relecture théologique de Martin Heidegger pour l'Afrique*, Mémoire de Baccalauréat en théologie, Grand Séminaire Mgr Louis Parisot, Bénin, 2010.

[227] Arthur DE GOBINEAU, *Essai sur l'inégalité des races humaines*, Paris, 1853.

[228] Lucien Lévy - Bruhl (1857 - 1939) affirme dans *Les fonctions mentales dans les sociétés inférieures* (1910) : « l'Africain n'appartient pas à l'histoire de l'humanité, sa mentalité prélogique et primitive le condamne à l'existence émotionnelle et mystique. Il est insensible aux Principes universels de la Raison qui fondent le Développement socioculturel des grandes civilisations. », cité par E. KOUM DIM, *La Philosophie en Afrique*, consulté le 16.03.2014, in http: // www.academia.edu/5007198/CHAP_II_LA_PHILOSOPHIE_EN_AF RIQUE.

ont décrié sa radicalité et son parti pris négrophile, tandis que d'autres l'ont épinglé comme une des formes du colonialisme, sous l'égide de l'écrivain martiniquais Aimé Césaire qui, dans une ironie, écrivait :

> « *Vous allez au Congo ? Respectez, je ne dis pas la propriété indigène (les grandes compagnies belges pourraient prendre ça pour une pierre dans leur jardin), je ne dis pas la liberté des indigènes (les colons belges pourraient y voir propos subversifs), je ne dis pas la patrie congolaise (le gouvernement belge risquant de prendre fort mal la chose), je dis – Vous allez au Congo, respectez la philosophie bantoue !* »[229]

Il faut toutefois noter, d'après Giuseppe Di Salvatore, que dans *Le mouvement de la Négritude*[230] même, les avis furent discordants. À l'encontre de l'école de A. Césaire.,

---

[229] Cf. A. CESAIRE, *Discours sur le colonialisme (1950)*, Présence africaine, Paris, 1955, p. 36.
[230] Le concept de négritude, notion introduite par Aimé Césaire qui la définit ainsi : « La Négritude est la simple reconnaissance du fait d'être noir, et l'acceptation de ce fait, de notre destin de Noir, de notre histoire et de notre culture. » Cf. CESAIRE A., *Cahier d'un retour au pays natal* en 1939 ; *Jeunesse noire et assimilation*, in L'*Étudiant noir*, 1 (1935). Quant à Léopold Sédar Senghor, il affirme : « la négritude, c'est l'ensemble des valeurs culturelles du monde noir, telles qu'elles s'expriment dans la vie, les institutions et les œuvres des Noirs. » Cf. SENGHOR L. S, Liberté 1 : *Négritude et Humanisme, discours, conférences*, Le Seuil, Paris, 1964, p. 9.

« Senghor voyait dans *La philosophie bantoue* une continuation de l'œuvre de revalorisation des cultures africaines, commencée déjà avec ce mouvement depuis 1935 ».[231]

Ce prêtre, Tempels, avait commencé la rédaction de son ouvrage onze ans après son arrivée au Congo, à l'est et au Katanga, en partant du constat de l'échec des missions dans leur œuvre de conversion et de transformation de la société indigène[232]. Il dit :

> « *Nous nous rendons compte un peu mieux chaque jour que la civilisation européenne dispensée aux Bantou ne constitue qu'un revêtement superficiel, sans la moindre prise sur l'âme. Nous constatons que les prétendus évolués en sont simplement arrivés à ne plus oser professer leur sagesse originelle en face des Blancs, et qu'ils renient ainsi, pratiquement, leurs ancêtres [...] Il faut reconnaître que les résultats sont lamentables. Nous nous trouvons actuellement parmi une masse d'évolués qui regardent avec mépris leurs congénères, mais*

---

[231] G. DI SALVATORE, *Pour lire La philosophie bantoue du P. Tempels/2 : L'audace d'un missionnaire belge*, in *Communauté Redemptoris hominis*, 24 juin 2013, consulté le 17.03.2014 in http : // fr.missionerh.com/index.php?option=com_content&task=view&id=4690&Itemid=40.
[232] Cf. S. DEMART, *Les Territoires de la délivrance*, p. 110.

qui se trouvent eux-mêmes perdus devant la vie, qui ne savent plus donner un sens à la vie. Nos pensées et nos aspirations leur furent en effet servies en une forme totalement inassimilable, et ce qu'ils ont appris de notre civilisation leur est demeuré complètement étranger ».[233]

Dès le XVIIe siècle, des voix occidentales se font entendre et laissent des traces écrites de leurs protestations contre l'esclavage, étant bien entendu que les captifs africains embarqués sur les navires négriers, puis vendus comme esclaves des plantations, des mines ou autres exploitations des Amériques et des Caraïbes furent eux-mêmes les premiers partisans de la suppression de ces systèmes.[234] Les Occidentaux quant à eux, pour pouvoir légitimer le commerce et la traite des Noirs recouraient aux idéologies racistes basées sur la soi-disant non-humanité de ces derniers. Aussi des théologiens de grande renommée comme le Père T. de Chardin contribuèrent dans cette école qui légitime le commerce de la chair humaine. Des dites idéologies racistes, citons en passant, Voltaire (1694-1778), ce célèbre écrivain français qui écrit :

---

[233] TEMPELS P., cité par DEMART S., *Les territoires de la délivrance*, p. 110.
[234] N. SCHMIDT, *Les abolitions de l'esclavage : quelques repères, questions et perspectives,* p. 45.

> « *La race des Nègres est une espèce d'hommes différente de la nôtre [...] on peut dire que si leur intelligence n'est pas d'une autre espèce que notre entendement, elle est très inférieure. Ils ne sont pas capables d'une grande attention, ils combinent peu et ne paraissent faits ni pour les avantages, ni pour les abus de notre philosophie. Ils sont originaires de cette partie de l'Afrique comme les éléphants et les singes ; ils se croient nés en Guinée pour être vendus aux Blancs et pour les servir ».*[235]

Le théologien français Pierre Teilhard de Chardin, jésuite (1881-1955), soutenait l'infériorité du Noir qu'il tentait d'expliquer théologiquement en ces termes :

> « *La principale de ces circonstances est assurément la privation de la lumière du Christ et même de tout reflet de cette lumière, qui a permis à l'Esprit mauvais de s'établir en maître, sur cette terre déshéritée de l'Afrique... Les Noirs sont de temps immémorial livrés sans contrôle à un sensualisme abject, à la cruauté, au mensonge. (...) Les nègres aujourd'hui vivent sous l'influence corruptrice de tant de générations impures qu'il serait étonnant de les*

---

[235] VOLTAIRE, *Essai sur les mœurs*, t. XVI, Genève, 1756, p. 269 - 270.

trouver aptes à une haute civilisation morale immédiate ».[236]

Emmanuel Kant (1724-1804) attribue à la nature une théorie prônant l'infériorité des Noirs :

> *« La nature n'a doté le Nègre d'Afrique d'aucun sentiment qui ne s'élève au-dessus de la niaiserie. Les Noirs [...] sont si bavards qu'il faut les séparer et les disperser à coups de bâton ».*[237]

Dès lors les Noirs passaient légitimement pour des articles commerciaux inventoriés parmi tant d'autres. Or à certaines périodes, notamment dans les années 1770 et 1780, la rentabilité de la traite a commencé à décliner considérablement, avec l'augmentation du coût des esclaves en Afrique. Ainsi, aussi bien en Angleterre qu'en France, l'État s'est vu obligé de créer de nouvelles primes pour inciter les armateurs à continuer ce trafic[238]. Au cours de la seule année 1778, on avait exporté d'Afrique

---

[236] T. DE CHARDIN, *La Guinée supérieure et ses missions*, Keer - Lez - Maastricht, 1888, p. 88.
[237] E. KANT, *Essai sur les maladies de la tête, Observation sur le sentiment du beau et du sublime*, Flammarion, Paris, 1993.
[238] P. DANCHERS (dir.), *La traite négrière, l'esclavage et leurs abolitions : mémoire et histoire*, Actes du Séminaire national organisé à Paris le 10 mai 2006, Versailles, 2007, p. 22.

104.000 esclaves ; le tiers d'entre eux provenait du Congo et de l'Angola[239].

En Occident, c'est à partir de la fin du XVIIe siècle que s'élevèrent des voix condamnant la traite négrière et l'esclavage, soit à titre personnel, soit dans les treize colonies anglaises d'Amérique du Nord sous l'égide des Quakers :

> « *L'impulsion essentielle fut anglo-saxonne. Abolitionnistes britanniques, français et nord-américains élaborèrent ensuite, du milieu du XVIIIe siècle jusqu'à la fin du XIXe siècle, un arsenal d'arguments essentiellement moraux, religieux, plus rarement économiques, et de moyens d'action contre la traite négrière et l'esclavage auxquels les puissants lobbies de planteurs et d'armateurs opposèrent de farouches résistances. La Société des amis, que les quakers fondèrent en Pennsylvanie à la fin du XVIIe siècle, s'éleva publiquement en 1688, et pour la première fois dans le monde occidental, contre le « commerce de corps humains ». Un siècle plus tard, Anthony Benezer convoquait la première réunion, en avril 1775, de la Société pour la libération des Nègres libres illégalement*

---

[239] Cf. O. LIBOTTE, *L'Histoire du Congo Belge vue par les coloniaux. Les pénétrations étrangères*, URONE, 2002, in http : // www.urome.be/pdf/fpene.pdf, p. 1 - 2, (05.12.2013), p. 2.

détenus en esclavage (Society for the Relief of Free Negroes Unlawfully held in Bondage). La majorité de ses vingt-quatre membres étaient des quakers, qui fondaient en février 1784 la Société de Pennsylvanie pour l'abolition de l'esclavage (Pennsylvania Abolition Society) ».[240]

L'Angleterre, elle-même influencée par les initiatives des Quakers nord-américains, prenait la tête des courants abolitionnistes mondiaux après avoir maitrisé le trafic négrier pendant plus de deux siècles[241].

En ce moment, bien entendu que l'œuvre missionnaire embarquée sous les négriers en noyade, n'a pas pu s'en tirer. Cette première phase d'évangélisation européenne au Congo s'essouffle aux alentours de 1835. Libotte, dans un style caractéristique, en a dressé un bilan qui exprime la perplexité des porteurs de l'Évangile acquis au service d'idéologies politiques racistes et des intérêts commerciaux :

> « Quant à l'œuvre missionnaire, elle s'avéra précaire. Sans doute, dès 1491, le roi de Congo était-il baptisé ; sans doute, son petit-fils devenait-il en 1518 le premier évêque congolais ; sans doute, des maçons, des

---

[240] SCHMIDT N., *Les abolitions de l'esclavage : quelques repères, questions et perspectives*, p. 47.
[241] Cf. SCHMIDT N., *Les abolitions de l'esclavage : quelques repères, questions et perspectives*, p. 48.

charpentiers venus d'Europe élevaient-ils des églises ; sans doute, baptisait-on le peuple par doses massives ; sans doute, un petit contingent de capucins exerça-t-il jusqu'en 1834 une activité réduite et sporadique. Mais le christianisme, tel qu'il fut introduit alors, ne lança point, semble-t-il, de racines profondes ; imposé par le pouvoir, il ne recueillit point dans l'ensemble l'adhésion des cœurs ; il se confondit souvent avec un opportunisme politique. Lorsqu'à la fin du XIXe siècle arrivèrent les Belges, ils ne trouvèrent plus que quelques vestiges, quelques rites au sens perdu, l'un ou l'autre mur d'église à ras de sol et couvert d'herbes, et aussi quelques crucifix de cuivre de fabrication locale qui avaient été conservés à travers les générations ».[242]

IV.1. 3. La colonisation et la deuxième vague d'évangélisation du Congo

À partir de 1885 avec la colonisation belge ou plus exactement Léopoldine, l'évangélisation va se redéployer, de façon beaucoup plus systématique et au-delà des frontières du désormais ancien Royaume Kongo. Toute

---

[242] LIBOTTE O., *L'Histoire du Congo Belge vue par les coloniaux*, URONE, 2002, in http : // www.urome.be/pdf/fpene.pdf, p. 1 - 2, consulté le 05.12.2013.

fois, si la terminologie a changé, notamment d'*esclavagisme* en *colonisation*, la réalité elle, n'a pas changé quant au traitement inhumain des Noirs, comme l'a bien perçu Park :

> *« Il est probable [...] que l'Afrique doive s'attendre à subir un long et difficile apprentissage dans ses rapports avec l'Europe, un apprentissage en rien différent de celui que suivirent les Noirs en Amérique par l'intermédiaire de l'esclavage ».*[243]

Il relève d'ailleurs l'emploi de l'expression « notre système colonial » pour désigner la politique américaine, soulignant le contexte post abolition de l'esclavage (1865), dans lequel la mobilisation outre-Atlantique pour le Congo, prend forme :

> *« Ce n'est pas un combat contre le seul État du Congo, mais contre l'Esclavage en Afrique tropicale [...] Il s'agit tout simplement de la question raciste dans sa forme la plus concrète, dans la mesure où nous n'avons pas seulement la race, mais également son environnement adéquat, le sol sur lequel elle vit, en tant qu'élément du problème ».*[244]

---

[243] PARK, cité par DEMART S., *Les territoires de la délivrance*, p. 80.
[244] PARK, cité par DEMART S., *Les territoires de la délivrance*, p. 81.

Le traitement particulier appliqué aux indigènes dans un espace donné, lointain et privé, suggère à Park une analyse de l'espace colonial (géographique et social) en termes de « région morale », notion que l'on retrouvera dans ses travaux sur *la ville mosaïque* (1915). La colonie doit être comprise comme l'élaboration d'un *espace hors-la-loi* qui permet une émancipation de *l'ordre moral dominant* en donnant libre cours aux *pulsions, passions et idéaux*. Dans le cas du Congo, à la *question morale* est associée la personne du roi Léopold II. Lorsque les limites territoriales de l'État indépendant du Congo (EIC) sont définitivement établies suite à la Conférence de Berlin (10 ans après), le roi des Belges est devenu propriétaire d'un territoire de 2.345.000 km², soit 83 fois plus grand que la métropole.

Ce territoire, convoité par tous les géants protagonistes de la Conférence de Berlin, suscita des discordes selon que chacun militait pour y avoir l'accès aux ressources naturelles et minérales. Léopold II a dû promettre une liberté commerciale complète au sein de l'EIC qui sera un « État sans douanes ». C'est en tant que « colonie internationale » que le territoire congolais est concédé. Cette promesse fut accueillie à Berlin sous des applaudissements généraux[245]. Cette convention inédite et pourtant déterminante demeurera comme l'anguille sous roche des rivalités et des interminables conflits armés qui maintiendront à genoux les

---

[245] Cf. J. STENGERS, *Congo, mythes et réalités, 100 ans d'histoire*, Duculot, Paris, 1989, p. 29.

Congolais, malgré la proclamation théorique qui déclarera leur territoire comme une République démocratique souveraine et indépendante. L'œuvre de l'évangélisation sera beaucoup éprouvée dans ce contexte concret, parce que les membres des églises se diviseront, les uns contre les autres.

IV.1.3.1. Missionnaires catholiques et protestants au Congo de Léopold II

Le premier poste de relance de l'évangélisation est à l'initiative des pères français de la Congrégation du Saint-Esprit, suivi de près par Stanley qui débarque en 1879, accompagné de missionnaires protestants de la *Livingstone Inland Mission* (L.I.M.) et de la *Baptist Missionary Society* (B.M.S.) à San Salvador. Suivent les Spiritains dont le gros des missionnaires n'arrive qu'à partir de 1880, avec l'explorateur de Brazza et le Prêtre Carrie qui sera consacré évêque six ans plus tard. Tandis que ces missions progressent vers le nord-est (le long du fleuve) en vue de repousser la pénétration de l'Islam, de nouveaux missionnaires (suédois, écossais ou encore américains) débarquent, soucieux de prolonger l'entreprise de leurs prédécesseurs en pénétrant plus loin dans l'intérieur du pays[246].

Cette effervescence missionnaire n'est pas vue d'un très bon œil par Léopold II qui, après de longues et nombreuses tractations avec le Saint-Siège, reçoit

---

[246] Cf. DEMART S., *Les territoires de la délivrance,* p. 83.

l'autorisation de rattacher le territoire du Congo à l'autorité ecclésiastique belge, acquérant ainsi le monopole de l'apostolat pour les missionnaires belges. Le Vatican ordonne alors aux spiritains français de quitter le Congo en faveur des missionnaires belges de la *Congrégation du Cœur Immaculé de Marie de Scheutveld*. Un arrangement est trouvé pour les missions des Pères Blancs à condition, là aussi, que les missionnaires envoyés soient belges (et non plus français)[247]. En 1886, était créé à Louvain, en Belgique, un « séminaire africain » confié aux Pères de Scheut, et destiné à former et consolider les « vocations » pour l'Afrique. Deux ans plus tard, en mai 1888, le Saint-Siège crée pour cette même congrégation, le *Vicariat apostolique du Congo indépendant*, comprenant pratiquement l'ensemble du territoire de l'État indépendant du Congo (EIC), à l'exception des terres orientales confiées aux pères Blancs, belges.

À partir de 1888 débarquent alors les premiers Scheutistes, dans un esprit de croisade anti-esclavagiste, très vite suivis par d'autres congrégations catholiques belges. Dans les années 1940, 22 institutions de prêtres missionnaires belges, six congrégations de frères belges et 52 congrégations de religieuses belges sont recensées sur le territoire congolais[248].

---

[247] Cf. DEMART S., *Les territoires de la délivrance,* p. 83.
[248] Cf. DEMART S., *Les territoires de la délivrance,* p. 84.

IV.1.3.2. Les missionnaires occidentaux face aux autochtones et à leur culture

Léopold II va accorder de grandes concessions ainsi que d'importants subsides aux missions catholiques, dont les membres sont belges. À charge pour eux de combattre les « pratiques animistes » et les « coutumes sauvages et païennes ». Mais c'est surtout à partir de 1891 que sa politique missionnaire va se préciser, à l'appui d'une importante restructuration de sa politique foncière.

La fonction prédominante de l'Église catholique dans l'entreprise coloniale belge s'inscrit dans un système qui repose en fait sur trois piliers. C'est pourquoi le système colonial belge est communément récapitulé sous les expressions de « trilogie » ou de « trinité » coloniale. Avec l'*État*, son administration et son armée, l'*Économie,* ses petites et grandes entreprises, ses banques et sociétés minières et l'*Église* catholique, ses écoles et missions. Avec d'autant plus d'intérêts, pour les investisseurs extérieurs, le Congo belge s'avère une manne financière sans équivalent. Déjà au tournant du XIXe siècle, le géologue belge, Jules Cornet, parlait pour le seul Katanga de « scandale géologique ». Après l'exploitation de l'ivoire et du caoutchouc congolais, va s'ouvrir celle du cuivre, de l'uranium, du fer, du zinc, du germanium, des diamants, de l'or, du bois, du cobalt, etc.

C'est en appliquant systématiquement avec plus de zèle la *politique de la tabula rasa* que les missionnaires ont mérité la confiance de l'administration coloniale congolaise, soucieuse de faire asseoir la domination coloniale. Selon Augustin Bita cette politique signifiait :

> « *Proscrire totalement aux Congolais leurs mentalités et leurs coutumes considérées rétrogrades et barbares, telles en l'occurrence la polygamie, les fétiches et les croyances à la magie. Il s'agissait donc d'éliminer complètement chez l'homme congolais la tendance à la désobéissance, à la défiance, à la dissimilation [...] Faire acquérir aux sujets congolais la civilisation et les amener à y accéder signifiait précisément les instruire, les éduquer moralement et les évangéliser [...] C'est dans cette perspective que partout de nombreux villages étaient systématiquement groupés et des populations forcées à accueillir le christianisme. Les païens furent persécutés. Les maisons des polygames le plus souvent incendiées. Le culte des ancêtres, une des principales forces de cohésion de la grande famille ou de la vie du clan, était anathématisé. De même, les statuettes et les masques furent arrachés à leurs propriétaires, sous prétexte qu'ils étaient purement et simplement des fétiches.* »[249]

---

[249] A. Bita Lihun, *Missions catholiques et protestantes face au colonialisme et aux aspirations du peuple autochtone à l'autonomie et à l'indépendance politique au Congo Belge*, Roma, 2013, p. 71 - 72.

Mais, alors qu'au début du siècle le roi est enfin assuré du succès économique de l'entreprise, il va se voir éclaboussé par un scandale, « souillé » pour reprendre son expression, par la campagne dite « anti-congolaise » qui va se déployer et dont la portée internationale va l'obliger à céder à l'État belge, sa propriété.

IV.2. Enjeux œcuméniques et collaboration des missionnaires

IV.2.1. Missions catholiques et défense de l'intérêt national

La fragilité des relations entre les catholiques et les protestants, tout comme celles de l'État à l'égard des protestants ne seront pas surprenantes. Les protestants avaient joué d'importants relais de la dénonciation sur la scène internationale (c'est en rencontrant le secrétaire de *l'American Baptist Foreign Mission Society* que Park s'associe à la campagne). Cet engagement est d'autant plus significatif que les missionnaires protestants aient été marginalisés au sein de l'État léopoldien et que les dénonciations ont impliqué des missions catholiques. Le

---

On peut aussi lire à ce sujet : J. VAN WING, *La formation d'une élite noire au Congo belge*, in *Bulletin du CEPSI* 48 (1947), p. 8 - 22 ; I. NDAYWEL E NZIEM, *Histoire du Zaïre*, Duculot, Louvain, 1997, p. 397.

rapport de la « commission d'enquête internationale » de 1904 a, entre autres, mis en cause l'usage des fermes-chapelles des jésuites et le traitement des « enfants » (des indigènes adultes) qui y ont été recueillis et gardés contre leur gré[250].

Les milieux catholiques dénoncent la « jalousie » des protestants, également « l'esprit protestant » dont la pratique du libre examen est suspectée d'encourager la révolte contre le pouvoir colonial et les prises de conscience indépendantistes. C'est dans ce climat qu'entre 1920 et 1930, l'hégémonie catholique se voit renforcée par la Convention de Jonghe et par la création de fondations médicales catholiques ou assimilées. La riposte des protestants, avec l'avènement d'une structure unitaire, le Conseil Protestant, est en grande partie alimentée par la dynamique missionnaire internationale : les recommandations de la Conférence

---

[250] Les Pères ont établi des groupes de quinze à vingt indigènes dans les fermes - chapelles, formant des postes détachés de leur mission sous haute surveillance des missionnaires. La commission d'enquête, constituée en 1904, constata dans les écoles des missions catholiques que beaucoup d'enfants avaient dépassé l'âge maximum au-delà duquel on peut les retenir contre leur gré. Certains sont mariés suivant la coutume indigène et ne peuvent alors plus revoir leur femme et leurs enfants. Des enfants y sont placés alors même qu'ils ne sont ni orphelins, ni abandonnés et des indigènes sont retenus dans les missions contre leur gré pour y travailler. Ceux qui ont tenté de s'échapper sont mis aux fers et ont reçu la chicotte. Enfin, les produits de leurs cultures sont dus à la mission. Cf. DEMART S., *Les territoires de la délivrance*, p. 84.

internationale missionnaire d'Edimbourg (CIM), mais aussi celles de la Conférence missionnaire mondiale (Jérusalem, 1928). Celle-ci avait été, pour les missionnaires protestants, l'occasion de se situer par rapport à d'autres missions et d'avoir des « témoins » de la situation qu'ils vivaient au Congo.

IV.2.2. Protestantisme en marge de la trinité coloniale

Les appels réitérés de David Livingstone avaient suscité une impressionnante mobilisation philanthropique en faveur de l'Afrique centrale.

> « À la suite de la mort du « prince des missionnaires », en 1873, beaucoup se sentiront une vocation missionnaire ; d'autres se décideront à aller combattre en Afrique ce que Livingstone nommait l'« ulcère béant » de l'Afrique, à savoir la traite des Noirs »[251]

Des presbytériens aux pentecôtistes, en passant par les baptistes, les méthodistes et les adventistes, en quelques années, toutes les grandes tendances du protestantisme sont présentes au Congo. Cependant, au contraire des missions catholiques, les missions protestantes se sont

---

[251] P. KABONGO - MBAYA, *L'Église du Christ au Zaïre*, Karthala, Paris, 1992, p. 11.

développées en dehors de toute logique centralisatrice. Ce qui, au fil du temps, et dans un souci d'éviter les « concurrences », aboutit à une régionalisation des missions et donc à une certaine ethnicisation du protestantisme : baptistes au Bas-Congo, presbytériens au Kasaï, etc.[252]

Conscients de leur faiblesse institutionnelle et de leur éparpillement géographique, les représentants légaux de plusieurs missions organisent en 1902 une conférence sur le thème « Tous unis en Christ Jésus » (Léopoldville). Ces rencontres se renouvellent deux fois par an, dans le cadre de la « Conférence générale des missions protestantes au Congo ». Puis, en conformité avec les recommandations de la « Conférence internationale missionnaire d'Edimbourg » (CIM) en 1910, les Églises se constituent en « Comité de continuation au Congo », et en 1924, en « Conseil Protestant du Congo » (CPC). Toutefois, si une première reconnaissance a lieu en 1920, la reconnaissance légale n'est accordée qu'en 1941. Cela prouve la méfiance des dirigeants envers les protestants.

IV.2.3. Le défi de l'évangélisation face aux abus du pouvoir et aux divisions entre chrétiens

La vie quotidienne des Congolais, sous la houlette colonialiste, s'avère plutôt un prolongement, voire une

---

[252] Cf. DEMART S., *Les territoires de la délivrance,* p. 92.

généralisation des traitements esclavagistes. Les prestations exigées des Congolais qui récoltent le caoutchouc au titre de « l'impôt » sont laissées à la libre interprétation des agents de l'État, tenus par le seul impératif d'une production optimum. L'occasion est alors donnée à l'État, mais aussi aux individus de « faire fortune »[253]. L'usage de la chicotte (fouet), les sentinelles (la surveillance des villages), les expéditions punitives, la prise d'otages ou encore l'enlèvement apparaissent comme autant de techniques répressives susceptibles de maintenir la cadence de la récolte du caoutchouc.

> *« C'est dans ce cadre que s'instaure, pour des raisons d'ordre comptable, une pratique qui sera à l'origine d'une levée de boucliers chez les Anglo-saxons, à savoir l'exécution des personnes n'ayant pas atteint la quantité requise de caoutchouc et l'amputation d'une de leurs mains, afin de justifier le nombre de balles utilisées. Contournée par des agents souhaitant garder quelques balles pour la chasse ou par des agents zélés qui coupent, ou font couper par les autochtones, des mains sur des personnes vivantes, cette pratique à l'effet d'une bombe lorsqu'en 1900, est portée à la connaissance*

---

[253] Cf. STENGERS J., *Congo, mythes et réalités, 100 ans d'histoire*, p. 99 - 101.

> *du public européen puis américain par le Britannique Edmund Dene Morel ».*[254]

Morel travaille pour une compagnie de navigation de Liverpool, dont l'une des filiales détient le monopole en matière d'importation et d'exportation des marchandises au Congo. Effectuant la supervision des chargements sur les docks d'Anvers, il est surpris par le nombre important de munitions et commence à enquêter.

> *« À la même époque, le souverain belge a amorcé en Belgique, en particulier à Bruxelles une politique de grands travaux, « exclusivement somptuaires » comme il le précise, avec les rentrées de la colonie. À l'instar de l'opinion publique belge, le roi perçoit les dénonciations d'E.D. Morel et de son association Congo Reform Association, comme une des modalités de la guerre expansionniste entamée par la Grande-Bretagne à travers un «agent des marchands de Liverpool». Il n'y prête guère attention, mais, en 1904, paraît le rapport Casement du nom du consul britannique en place, qui a effectué une enquête et confirme les faits ».*[255]

---

[254] DEMART S., *Les territoires de la délivrance*, p. 79.
[255] DEMART S., *Les territoires de la délivrance*, p. 78 - 79.

Le roi Léopold II réagit alors, en exigeant que l'on mette fin à ces *« horribles abus »*[256] tout en déclarant la partialité du rapport. Il dépêche une nouvelle commission d'enquête, dont la composition, sous les pressions britanniques, inclut un Belge, un Suisse et un Italien. Le rapport rendu public en novembre 1905 est accablant et suscite une certaine frayeur chez le peuple belge.

D'autant que la campagne prend une tournure internationale : des manifestations ont lieu aux États-Unis et en Angleterre et peuvent mobiliser jusque deux à trois cents personnes[257]. Pour l'État, la seule solution est l'annexion, à laquelle le Roi ne se résout qu'à l'annonce (en 1906) d'une « nouvelle conférence de Berlin » destinée à s'assurer du bon respect des principes décidés lors de la précédente conférence. L'Angleterre, la France et les États-Unis sont déjà disposés à retirer l'EIC à Léopold II à la faveur de l'une des puissances signataires. Ce dernier amorce alors le processus de cessation de l'EIC à la Belgique, effective en 1908. Le pouvoir législatif est confié au Roi, le pouvoir exécutif au ministre des Colonies (résident en Belgique) et au Gouverneur général (résident au Congo) assisté des Gouverneurs provinciaux, tandis que le pouvoir judiciaire est laissé à la charge de tribunaux hiérarchisés et indigènes. Un an plus tard, le 17 décembre 1909, Léopold II décède, âgé de 74 ans.

---

[256] STENGERS J., *Congo, mythes et réalités, 100 ans d'histoire*, p. 110.
[257] Cf. DEMART S., *Les territoires de la délivrance*, p. 79 - 80.

La reprise du Congo par la Belgique (1908), loin d'avoir calmé les concurrences missionnaires de l'ère Léopoldine, semble les raviver et l'État n'est pas prêt à encourager la structuration du champ protestant. La contribution des protestants à la « campagne anti-léopoldienne», les a confortés dans leur statut de « missions étrangères », associées à l'impérialisme britannique et à ses cousins américains. Jusqu'aujourd'hui, il y a encore beaucoup à faire pour un dialogue œcuménique ouvert au Congo. Le conflit européen entre catholiques et protestants a été transposé au Congo pour l'intérêt économique belge. C'est une application du principe : « diviser pour régner ».

IV.3. Interprétation africaniste du mythe de Cham (M'veng, Poucouta, Kabasele)

Dans un article, P. Poucouta de 1998[258] montre pourquoi le jésuite Mveng Engelbert est le père de la lecture africaine de la Bible. Celui-ci considère la Bible non seulement comme un héritage juif, mais aussi comme un héritage africain. Elle est source de vie et de libération pour l'Afrique, contrairement à ce qu'une histoire récente des effets du texte faisait croire en Afrique du Sud, pendant l'apartheid.

---

[258] P. POUCOUTA, *Engelbert Mveng : une lecture africaine de la Bible*, in *Nouvelle Revue Théologique*, Janv. - Avril 1998, p. 32 - 45.

IV.3.1. La Bible un héritage africain

Au Congrès de Jérusalem en 1972 sur la « Bible et l'Afrique Noire », le Père Mveng corrigea l'image que certains biblistes se faisaient du Noir sous l'influence d'une interprétation tendancieuse sur les fils de Cham en Gn 9, 18 - 27 ; 10, 6 - 8.

> *Nous sommes venus apprendre l'Écriture sainte, le message de la Bible, parce que l'Afrique est la Terre de la Bible et que le second fleuve du Paradis s'appelle Géon et qu'il entoure le pays de Kush, c'est-à-dire l'Afrique noire. Depuis la Genèse, l'Afrique et les Africains noirs sont présents dans la Bible : le message de la Bible est notre message et le peuple de la Bible est notre peuple. Nous aussi nous sommes les héritiers de la Bible et responsable de son message hier, aujourd'hui et demain. Nous sommes venus apprendre à déchiffrer ce message qui est notre message comme il est le vôtre.*[259]

Par un recensement des « textes bibliques où il est question des Kushites et de Kush, où la LXX est traduit systématiquement par Aetiopia, il montre que Kush

---

[259] MVENG, E. & WERBLOWSKY, R.J.Z. (éd), *Black Africa and the Bible*, Jérusalem, 1972, p. 10 - 11, cité par POUCOUTA P., *Engelbert MVENG : une lecture africaine de la Bible* », in *NRT* 120 (1998) p. 32 - 45.

désigne, et cela est confirmé par les historiens antiques, d'abord le royaume de Nubie au sud de l'Égypte, et par extension l'Afrique noire, ce qui comprend aussi les habitants basanés de la péninsule arabique »[260]

Les préjugés portés contre les Noirs proviennent d'une exégèse allégorique des Pères considérant le pays de Kush comme le symbole des ténèbres, du péché et par conséquent de la malédiction. Ces interprétations passées dans la tradition chrétienne sont postérieures à la Bible. Elles ont donné naissance au mythe de Cham, race maudite, lequel n'a pas de fondement authentiquement biblique. Au contraire, dans l'Ancien Testament, les Kushites apparaissent comme un peuple puissant (2 Ch 12, 2-4) : « ses soldats, son armée, ses chars, ses richesses, la confiance que les peuples environnants placent en lui font du peuple kushite une des grandes puissances de l'antiquité ».[261]

> « *Le message de la Bible nous apparaît sous un éclairage nouveau. Il appartient en tout premier lieu à l'héritage culturel et spirituel des peuples noirs. Dieu s'adresse, de façon privilégiée, à ces peuples, parce qu'ils symbolisent, dans leur foi, mais sans doute aussi dans le destin douloureux d'agneaux immolés au péché du monde, la grande*

---

[260] POUCOUTA P., *Engelbert Mveng*, p. 34.
[261] MVENG & WERBLOWSKY, *Black Africa*, cité par POUCOUTA P., *Engelbert Mveng*, p. 34.

espérance de l'homme interpellé par Dieu, tiré de son néant et appelé à l'héritage des enfants de Dieu ».[262]

Mveng découvre qu'il faut sortir de l'ignorance pour retrouver le vrai destin des peuples noirs. Il montre la fausseté du mythe de Cham dans un de ses poèmes :

« On m'avait dit que ma race chassée de ta présence devait fuir,

Et j'ai fui avec Caïn, sans trop savoir pourquoi,

car je n'étais pas Caïn et ma tribu n'était liée par aucun pacte à la tribu de ses fils,

Et de Cham mes ancêtres ignoraient jusqu'à l'ignoble légende ».[263]

D'autres exégètes considèrent la place du Noir dans la Bible avec objectivité. Selon le P. de Meester, le passage des Actes 8 sur la conversion de l'éthiopien, montre que l'homme noir a reçu le baptême avant le Romain et que l'Afrique a reconnu le Christ avant l'Europe.

« Le Burkinabè Sidbé Semporé considère l'exode de Falashas et des Falashamouras

---

[262] MVENG & WERBLOWSKY, *Black Africa*, p. 31, cité par POUCOUTA P., *Engelbert Mveng*, p. 34.
[263] MVENG E., *Balafon*, Yaoundé, 1996, p. 85, cité par POUCOUTA P., *Engelbert Mveng*, p. 35.

vers Israël comme un retour aux racines bibliques de l'existence et de la place de Kush et des kushites dans l'histoire du salut. Étant donné que la Septante, la Vulgate et les anciens commentateurs juifs et chrétiens sur Nb 12, 1, identifient la Kushite de Moïse avec une femme originaire de la corne de l'Afrique et que dans la famille de Moïse, un de ses petits neveux était appelé Pinhas, c'est-à-dire le nègre, on peut conclure que les peuples noirs étaient associés comme témoins et partenaires à l'Alliance et à la Torah ».[264]

En conclusion, le Père Mveng interpelle le bibliste africain. La mission de ce dernier n'est pas seulement de faire l'archéologie de la Parole de Dieu pour découvrir que le message biblique est un héritage non seulement israélien, mais aussi africain. Il faut plutôt se servir de cette redécouverte pour pénétrer la parole dynamique de la Bible qui restitue à l'Africain sa dignité d'initiateur de religion monothéiste et le place en dialogue avec d'autres cultures.

---

[264] SEMPORE S., *Le Noir et le salut dans la Bible*, dans *Universalisme et mission dans la Bible*, Actes du 5e Congrès des biblistes africains, Abidjan, 16 - 23 juillet 1991, éd. Association Panafricaine des Exégètes Catholiques, Naïrobi, Catholic Biblical Center for Africa, p. 18 et 20, cité par POUCOUTA P., *Engelbert Mveng*, p. 37.

André Kabasele Mukenge va jusqu'à prouver que même si l'on prenait à la lettre la malédiction de la Genèse 10, c'est aux Cananéens qu'elle s'adresse et non aux Égyptiens ou au Kushites[265]. En réalité, il est conscient que ce langage mythique sert à expliquer les tensions qui existent entre les races humaines à l'époque de l'auteur. Il en va de même dans les cultures négro-africaines. Selon Munzihirwa qui analyse le langage mythique religieux au Bushi[266], le mythe constitue une réponse préventive aux conflits potentiels et tend à surmonter les tensions liées à la distribution inégalitaire du pouvoir. Le discours mythique va donc constituer un élément essentiel du contrôle social, et l'on peut pressentir que sa transformation importera au premier chef dans la stratégie des groupes en rivalité. En effet E. Leach[267] remarque dans son étude sur le système politique des sociétés birmanes

---

[265] Cf. A. KABASELE MUKENGE, *La Parole S'est faite Chair et Sang. Lectures de la Bible dans le contexte africain*, Médiaspaul, Kinshasa, 2003 ; KABASELE MUKENGE A. (Édit), *L'Eucharistie dans l'Église - Famille en Afrique à l'aube du troisième millénaire* : Actes de la 22e semaine théologique de Kinshasa, du 28 au 31 mars 2001

[266] MUNZIHIRWA C., *Pouvoir royal et idéologie. Rôle du mythe, des rites et des proverbes dans la monarchie précoloniale du royaume de Kabare (Zaïre)*, in Journal des africaniste 22 (2002) 227 - 261, in http : // www.persee.fr/web/revues/home/prescript/article/jafr_0399 - 0346_2002_num_72_1_1297 (26 - 3 - 2014).

[267] LEACH, E., *Le système politique des sociétés birmanes*, Paris, Maspero, Paris 1972, p. 303.

> « *qu'un groupe qui se trouve en état d'infériorité et qui s'efforce de progresser dans la hiérarchie des prestiges, manipule le mythe en supprimant du récit ce qui explique son infériorité et le remplace par un autre qui explique sa supériorité. Au discours officiel il impose un contre-mythe. Tandis que les tenants du système hiérarchique réaffirment le mythe traditionnel pour continuer à assumer la suprématie. Ainsi le mythe est susceptible de plusieurs versions et, à l'intérieur d'un schéma généalogique, des manipulations sont possibles* ».

Munzihirwa atteste encore qu'il arrivait parfois que lors d'une vacance de pouvoir, il y ait des affrontements par les armes pour la succession, c'est la lutte pour le tambour. Celui qui triomphait se mettait alors à manipuler le système symbolique pour justifier après coup sa prise du pouvoir.

Dans ce cas, continue Munzihirwa, le mythe n'est donc pas une simple expression de l'harmonie sociale, mais une volonté de perpétuer par la parole l'ordre existant. Le savoir mythique étant inégalement possédé par les différents membres constitue dans une certaine mesure une garantie sociale sur laquelle la grande majorité de la population n'a pas de prise, de sorte que ceux qui manient habilement l'appareil symbolique peuvent attester, légitimer ou éventuellement ébranler les rapports sociaux existants. Ces appareils symboliques ne se superposent pas à une société déjà ordonnée par elle-même, mais sont concomitants au processus de production, car toute action demande une pensée et toute pensée exige une action. « Ces appareils rénovent la signification, dit Ansard »[268], pour transformer les structures. Ils participent au renouvellement de la société contre les menaces de la désintégration. Mais ce faisant, le mythe participe à la modification d'un certain ordre, d'une certaine hiérarchie et donc, d'une certaine manière, à la dépossession des dominés, précise Munzihirwa.

Le mythe répond à une menace de violence physique perpétuelle ou de chaos, en imposant sa propre violence symbolique qui empêche de regarder le pouvoir en face en le voilant pour le rendre légitime, renchérit-il.

Le chapitre 9-10 de la Genèse reflète donc un conflit, une interrogation de la société israélite sur leur rapport avec les peuples noirs. L'alliance avec Noé du chapitre 9 reflète la fraternité universelle de l'humanité, la malédiction de Canaan du chapitre 10 reflète la friction inhérente aux relations humaines interpersonnelles et interculturelles.

---

[268] ANSARD, P., *Idéologie, conflits et pouvoir*, PUF, Paris 1977, p. 30.

Sachant que toute manipulation de l'appareil symbolique, continue Munzihirwa[269], est susceptible de contribuer à la modification ou à la transformation des rapports politiques, on s'efforce d'en canaliser l'interprétation. Munzihirwa remarque que le pouvoir se protégeait contre une possible manipulation subversive du système symbolique. C'est ainsi que le royaume de Kabare, par exemple, sans confier le récit des origines royales à un groupe familial clos, tenait toujours à surveiller le petit nombre d'hommes doués d'une mémoire exceptionnelle qui maîtrisait le récit des origines du royaume. Tandis que les rites, eux, qui réactualisent et visualisent les récits, furent confiés à un corps de spécialistes se transmettant le secret de père en fils. En effet de ce groupe dépendaient essentiellement la désignation de l'élu et la validité de la transmission du pouvoir.

Munzihirwa précise encore que ces rites ne sont pas non plus une simple répétition du récit des origines, mais une sorte de mise en scène stylisée, une réactivation symbolique des événements historiques importants qui ont renforcé la monarchie. À cet effet, par exemple, la cérémonie de la bénédiction des semences *mubandè*[270] qui, d'abord, avait seulement lieu lors de l'intronisation, fut par

---

[269] MUNZIHIRWA C., *Pouvoir royal et idéologie*, in *Journal des africanistes* 22 (2002) 227 - 261, in http : // www.persee.fr/web/revues/home/prescript/article/jafr_0399 - 0346_2002_num_72_1_1297 (26 - 3 - 2014).

[270] Cérémonie qui commémore chaque année l'intronisation du roi.

la suite célébrée chaque année lorsque, le royaume devenu grand, la correspondance entre le service rendu par le roi au peuple et la dîme annuelle que celui-ci lui offrait n'était plus manifeste.

Munzihirwa indique comment la religion traditionnelle cherchait à créer une fraternité qui dépasse les clans et même les nations. Pour lui, les mythes n'ont jamais réussi à susciter des conduites contestataires, car ils se contentent de prendre acte de l'ordre établi sans susciter ni invoquer une nouvelle vision du monde.

Il n'en est pas de même de la religion populaire dite *kubandwa* qui, au cours du XIXe siècle, s'est développée au Bushi, au Rwanda et au Burundi, et qui aurait pu constituer une solution de rechange à l'organisation sociale d'alors[271].

En effet, l'organisation monarchique ayant désagrégé la structure clanique et le système du lignage dans la question des terres, le « culte du roi » remplaça petit à petit, au plan officiel, les « anciens cultes des ancêtres-maîtres du sol », qui étaient symboles de la suprématie familiale dans l'organisation sociale et politique. Le roi devint alors le symbole et la personnification de l'unité du

---

[271] MUNZIHIRWA C., *Pouvoir royal et idéologie*. in *Journal des africanistes* 22 (2002) 227 - 261, in http : // www.persee.fr/web/revues/home/prescript/article/jafr_0399 - 0346_2002_num_72_1_1297 (26 - 3 - 2014)

pays. Il fut désormais considéré comme le maître éminent du sol, du bétail et même des hommes.

IV.3.2. Œcuménisme traditionnel dans la Région des Grands Lacs Africains

Le XIXe siècle vit se propager sur la rive ouest du Lac Kivu le culte initiatique de *kubandwa* venu de l'est, du Rwanda et du Burundi. Ce culte était centré autour du héros mythique Lyangombé, prince insoumis tué à la chasse par un buffle et qui, après sa mort, régna sur une société sans caste ni classe, établie sur les hauteurs des volcans du nord du Lac Kivu[272].

Selon Munzihirwa, les adeptes de ce culte, issus surtout du milieu populaire, sont appelés *mandwa*. Lors des cérémonies cultuelles, ils se désignent entre eux par les termes « frères » ou « sœurs ». Aucune supériorité juridico-politique, ni de famille, ni de clientèle n'y est admise. Seule une hiérarchie spirituelle, issue du degré de l'initiation, distingue les prêtres des simples adeptes qui sont encore au début de l'initiation, précise-t-il.

Cependant ce culte, comme le fait remarquer G. Gahigi[273], était encore virtuellement révolutionnaire, car

---

[272] MULAGO, V., *La religion traditionnelle des Bantu et leur vision du monde*, PUZ Kinshasa, 1973, p. 59 - 62.
[273] MUNZIHIRWA C., *Pouvoir royale et idéologie*, in *Journal des africanistes* 22 (2002) 227 - 261, in http : //

il prônait l'égalité et la liberté des hommes. L'égalité d'abord, car à l'époque de Lyangombe, le pouvoir politique et économique était l'apanage d'une minorité d'individus ethniquement forts et puissants. Ces derniers, détenteurs et gestionnaires des richesses du pays, jouissaient d'une supériorité sans partage. La majorité des hommes était fortement exploitée et dépendante. Munzihirwa note qu'il y avait ceux qui par leur statut de naissance jouissaient d'un statut économique supérieur, et d'autre part, ceux qui venaient du commun des mortels et qui étaient corvéables par les premiers. Les riches vivaient en grande partie du travail et de la récolte des simples gens. Autrement dit, les riches n'étaient riches que parce qu'enrichis par le travail des pauvres, ceux-ci étant d'ailleurs méprisés comme inférieurs en richesse et en sagesse. Or, le culte de Lyangombe, commente Munzihirwa, prônait l'égalité de tous. Pour Lyangombe, il n'y a ni riches ni pauvres, ni races, ni classes sociales : tous les hommes sont appelés frères au *Kubandwa*. En parallèle on pourrait lire Ga 3, 27-29.

En deuxième lieu le culte développe l'idée de libération. Allant contre l'inégalité ethnique et la hiérarchisation des personnes exprimée dans des rapports sociaux de type féodal où une minorité impose sa loi à une majorité qui la subit, Lyangombe crée un idéal par lequel l'homme se trouve libéré dans la condition socio-politique où il se trouve inséré, remarque bien Munzihirwa. Cette libération ressort des propos de Lyangombe adressés à celui qui est « initié pour la deuxième fois » *gusubiramo*. En lui montrant le pays le représentant de Lyangombe lui dit : « Où que tu ailles, sache que tu es chez toi dans ce royaume. Qui donc s'oppose à tes desseins ? »

On pourrait ajouter à ceci une certaine libération des tabous d'ordre sexuel qui est exprimée dans le culte de Lyangombe, note Munzihirwa. Dans la société des Bashi, renchérit-il, les rapports entre sexes étaient fort socialisés et contrôlés par le mariage et la femme considérait son mari comme son maître. Le culte de Lyangombe abolit momentanément ce rapport de révérence, affirme-t-il. En effet, dit-il, tous les initiés s'appellent entre eux : « jeune homme » *cyana* et « jeune fille » *cinyere* même quand ils sont mari et femme. Certains disent que cette libération de l'autorité maritale et sociale, qui détermine les rapports entre époux, n'était pas seulement symbolique, mais passait outre les tabous ordinaires. Le culte vise donc à supprimer aussi la hiérarchie des sexes.

Munzihirwa remarque bien que c'est un culte religieux, supra-familial, supra-royal, transcendant même les tribus et dont la vision est eschatologique ou utopique. Munzihirwa précise que l'action des *mandwa* va bien au-delà d'une simple protestation contre l'ordre social établi, le *Kubandwa* étant un moyen de dépasser la réalité, un cri d'alarme devant la fermeture d'un monde trop intégré, sans échappé sur l'au-delà. Il exprimait maladroitement ce besoin si profond au cœur de l'homme, de libération, de dépassement, d'un au-delà de l'ordre de ce monde, de mort pour accéder à une autre vie, autant de choses que n'exprimait pas le culte royal de la divinité, renchérit Munzihirwa.

En effet, continue-t-il, seul le culte des *Imandwa* invite tous les hommes, sans distinction de classe, de sexe ou d'âge, à se joindre à Lyangombe, prince mythique d'origine populaire, et à participer avec lui, dans l'immédiat et à l'avenir, à un royaume de liberté, de loisirs, dégagés de contraintes sociales, de liens de clientèle, de parenté maternelle. Il s'oppose à l'idéologie de l'inégalité sociale considérée comme naturelle. François Corbisier signale cet aspect dans le mouvement de résistance de Binji-Binji[274], nous signale Munzihirwa. L'attitude de

---

[274] « Je rappelle brièvement un événement qui aurait pu avoir des conséquences graves au point de vue économique et politique : un prophète s'était révélé pendant le second semestre de 1931 en la chefferie de Ngweshe, en territoire Kabare. Un nommé Ngwasi, alias Bisonga, ou Binji - Binji, semait le trouble dans les esprits en prêchant une nouvelle répartition de bétail - une des bases de l'organisation politique des indigènes - et annonçait le départ prochain des Européens. Le trublion a été arrêté par moi, en un coup de main rapide et heureux, au beau milieu de 3 à 4000 indigènes. Le prestige du prophète est tombé immédiatement et tout semble fini » (Corbisier F., 1976, *L'arrestation de Binjibinji*, communication orale, Bruxelles, rue des Cerisiers). Cf. University of Florida, Africana Collections, http://ufdc.ufl.edu/AA00002607/00001/3j (26-08-2015).

colons envers la religion populaire qui prône l'égalité sociale est notoire :

> « 20 août 1932. Un nommé Ngwasi, alias Binjibinji, sorcier réputé, s'est mis à prêcher des théories antieuropéennes et contre le chef Ngweshe. L'administrateur territorial Corbisier et l'Agent territorial Foucart sont allés sur place à Nyan Ntja (près concession Valette). La foule s'est opposée à son arrestation. Un indigène qui tentait de frapper le caporal Bukeso d'un coup de gourdin a reçu de Monsieur l'Agent territorial Foucart une balle de revolver dans l'épaule et a pu se sauver. Le blessé fut repris quelques jours plus tard. Binjibinji fut condamné à 10 ans de prison et son complice à cinq ans. Depuis lors, le pays est calme »[275].

Le royaume dont il est question dans l'étude de Christophe Munzihirwa est celui de Kabare précolonial qui comprenait le Kabare et le Ngweshe actuel. Le royaume de Kabare constitue le noyau originaire du grand

---

[275] *Province orientale, territoire des Banyabongo. District du Kivu. Rapport d'enquête no. du P.V. 54. F. Corbisier. Kabare, du 15 au 19 mai, 1933.* Typescript. 4 pages, © Copyright, University of Florida, 1999-2011. All Rights Reserved,
in http://ufdc.ufl.edu/AA00002607/00001/3x?vo= (26 - 08 - 2015).

Bushi[276] dont la configuration actuelle présente ces 10 royaumes : Buhâya (Kabare), Ngweshe, Burhinyi, Ninja, Kalonge, Karhana, Kalehe (Buhavu), Ijwi (Nord et Sud), Luhwinja, Kaziba. On pourrait bien y ajouter le royaume de Banyintu, chez Mubeza, et les Bajinji qui remplissent le rôle de prêtres comme faisaient les fils d'Aaron et les Lévites sans former une tribu à part.

Il est donc important de constater que la conception du monothéisme africain qui formait l'unité dans la diversité de cultures africaines, au niveau particulier dans les Grands Lacs et au niveau général de l'Égypte ancienne, peut servir de base à l'Afrique moderne pour renforcer l'œcuménisme. Les monothéismes juif, chrétien et islamique qui conditionnent le dialogue par le rapprochement de doctrine créent de l'impasse, car la doctrine reflète les sensibilités culturelles qui ne seraient jamais uniformisées. Par contre le monothéisme africain partait du principe que le Créateur est unique et par conséquent la famille humaine est unie par le même Créateur même s'il portait différents noms selon les cultures et les langues respectives. Kabasele[277] indiquait la richesse culturelle de l'Afrique en ces termes :

---

[276] Lire aussi CHUBAKA BISHIKWABO, *Le Bushi au XIXe siècle. Un peuple, sept royaumes*, in *Revue française d'histoire d'outre-mer*, tome 67, n° 246 - 247, 1er et 2e trimestres 1980. p. 89-98.
[277] F. KABASELE, *Les cultures africaines et le christianisme : peuvent-elles s'enrichir mutuellement ? Si oui, à quelles conditions*, in *Sedos*

« L'homme noir a une conception de la personne humaine comme d'un cosmos en miniature, eau et feu, terre et air, visible et invisible, corps et esprit indissociablement, s'il sait déchiffrer l'univers… ; certains codes de la nature peuvent l'amener à canaliser les forces de la nature pour influer sur le cours de la vie, pour conjurer la mort et faire triompher la vie. Les nombreux rites d'Afrique noire comportent ces codes auxquels n'ont accès que les seuls initiés.

La religion est pour nous une manière de vivre, de concevoir le monde, et d'entrer en relation avec les hommes, la nature et l'Au-delà (Dieu, les Ancêtres, les Esprits). Les rapports avec Dieu ne vantent pas les plus éloquents, mais plutôt ceux avec les Ancêtres, ces intermédiaires qui nous ont connus et qui continuent de militer à nos côtés pour le triomphe de la vie. Il n'y a pas de monde sacré et profane. L'univers tout entier est le lieu de l'irruption de l'Au-delà ou du divin. La vie est le sacré par excellence.

L'univers tout entier porte le destin de l'homme. Il n'y a pas de hasard ; rien ne peut échapper à la main du créateur ; nos actes ont une répercussion sur l'univers, de près ou de loin, tôt ou tard. La transformation du monde se fait comme une liturgie, et non comme une domination. La transformation du monde n'est qu'une des modalités d'entrer en communion avec lui, dans l'harmonie et le respect des êtres animés et inanimés, dans la recherche de tout ce qui fait vivre et le rejet de tout ce qui est allié à la mort. L'Afrique noire est une terre d'hospitalité, c'est-à-dire, de l'accueil gracieux de l'autre différent de nous, à priori et gratuitement. Bien accueillir l'autre est un moyen de disposer en notre faveur la hiérarchie de l'univers et de se prémunir contre les éventuels mauvais desseins de nos hôtes »

C'est pourquoi, continue Kabaselé[278] :

« *Ainsi, en dépit du paternalisme qu'exercent les Églises d'Occident sur celles d'Afrique, les Églises chrétiennes d'Afrique présentent aujourd'hui à l'homme africain un socle sûr d'organisation et une possibilité de repartir sur des bases nouvelles pour une libération de l'homme total, avec le ferment du règne de Dieu*

---

[278] KABASELE F., *Les cultures africaines et le christianisme : peuvent-elles s'enrichir mutuellement ? Si oui, à quelles conditions*, in *Sedos bulletin* vol 32/ 7 (2000) 2006 - 2011, in http : // sedosmission.org/old/fre/Kabasele.html (31 - 01 - 2015).

qui signifie amour, paix, libération, défense des opprimés.

Mais cette chance est suspendue à une condition de la part des Africains. Le christianisme offre à l'Afrique des potentialités pour développer son expérience du divin. Il ne faut pas que les Africains le prennent comme un modèle à reproduire tel quel, à installer tel quel ; en ce moment-là, ils perdraient la chance que le christianisme constitue pour eux. En d'autres termes, que la Révélation chrétienne leur fasse découvrir comment Dieu avait parlé et cheminé avec leurs ancêtres ; que la morale chrétienne leur fasse découvrir comment Dieu avait initié leurs ancêtres au respect de sa volonté et à l'essentiel de la loi qui est l'amour ; que la célébration chrétienne du salut les fasse progresser dans l'art de célébrer de leurs ancêtres et dans l'idée même du salut, en découvrant grâce aux sacrements chrétiens plusieurs autres sacrements de salut dans les manifestations une punition du mal ; le mal suprême c'est la haine, la recherche de la mort pour les autres : d'où la solidarité et l'appel constant à l'amour dans l'hospitalité et la réconciliation, comme préventifs contre le mal.

Vivre de ces valeurs, c'est assurément être dans la proximité et l'intimité de Dieu. Quelle nécessité y-avait-il alors d'adopter une autre religion ? À nous Africains qui ne vivrions que de nos religions traditionnelles, il nous manquerait Jésus-Christ et la Révélation biblique du Père.

Les Églises chrétiennes sur le continent africain, au nom de la foi en l'incarnation de Dieu parmi les hommes, ont aujourd'hui enclenché le mouvement de l'inculturation qui réhabilite nos cultures africaines et le christianisme du triomphe de la vie sur la mort en Afrique... En un mot, je dirais que le christianisme est une chance pour l'Afrique, à condition que les Africains ne se contentent pas d'installer chez eux des copies d'Églises catholiques, d'Églises protestantes, d'Églises orthodoxes, etc., mais qu'ils puisent dans toutes ces expériences partielles, des potentialités pour faire progresser l'expérience originale du divin chez leurs ancêtres ».

Notre siècle pourrait-il s'inspirer de cette sagesse ancestrale africaine pour avancer sur le chemin du dialogue œcuménique et interreligieux ? Autrement nous restons figés et chaque religion ou chaque confession chrétienne campe sur sa doctrine.

Dressant un bilan de l'évangélisation du Kivu, Kabazane et Ludunge distinguent l'attitude dominatrice du colon, d'une part, du dialogue culturel de l'évangélisateur, d'autre part qui a été apprécié par les populations. Ils constatent aussi que les missionnaires ont adouci l'agressivité du colon envers les autochtones[279] :

« Yaga Mupe walwa agawe :

Wayigiriza Emyanzi y'Akalembe, walwisa obuzuzu : okulerha amasomo, Enyigirizo z'akatekismu, okulwisa emiziro, okuhanza obukurungu…, walerha amajambere lunda okuyubaka, obuhinzi, obushwesi, wlwisa endwala n'okuyinjihya omubiri, wahana amafumu, ebiryo, wahana emishangi ci bwenene enyigirizo z'obwirhohye ».

Ce qui se traduit par :

« Cher prêtre missionnaire, tu as accompli ta tâche :

Tu as annoncé l'Évangile, tu as lutté contre l'ignorance en instituant les écoles, le catéchisme, luttant contre les tabous, contre la superstition... Tu as apporté le développement en construction, en agriculture, en élevage. Tu as combattu la maladie et entretenu le corps. Tu as distribué des médicaments, de la nourriture. Tu as donné des habits, surtout l'exemple de l'humilité ».

---

[279] KABAZANE ORHACIYUMYA J. B. - LUDUNGE MIRHIMANYO D., *Nyamuzinda e Bushi*, 36 - 41. 55.

Chapitre 5

Nos Religions contre l'esclavage moderne

V.1. Déclaration historique

À la Cité du Vatican[280], 2 décembre 2014(VIS) fut signée une déclaration interreligieuse pour l'éradication de l'esclavage moderne :

« Nous, soussignés, sommes réunis ici aujourd'hui dans le cadre d'une initiative historique visant à susciter une action spirituelle et concrète de la part de toutes les confessions et personnes de bonne volonté partout dans le monde, afin d'éradiquer de manière définitive l'esclavage moderne dans le monde d'ici 2020. Aux yeux de Dieu (et de nos différentes religions), chaque être humain est une personne libre, qu'il soit garçon ou fille, femme ou homme, destinée à exister pour le bien de tous

---

[280] http : // fraternite - ofs - sherb.eklablog.com/les - leaders - religieux - ensemble - contre - l - esclavage - crime - contre - l - human - a113880046 (8 - 12 - 2014) ; *l'esclavage crime contre l'humanité*, in http : // www.news.va (8 - 12 - 2014).

en toute égalité et fraternité. L'esclavage moderne, sous ses formes de la traite des êtres humains, du travail forcé ou de la prostitution, du trafic d'organes, comme de toute attitude allant à l'encontre de la conviction selon laquelle tous les êtres humains sont égaux et bénéficient du même droit à la liberté et la dignité, est un crime contre l'humanité.

Nous nous engageons aujourd'hui à faire tout ce qui est en notre pouvoir, au sein de nos communautés religieuses et au-delà, pour travailler ensemble pour la liberté de tous ceux qui sont réduits en esclavage et victimes de traite, afin de leur redonner un avenir. Aujourd'hui, nous avons la possibilité, la conscience, la sagesse, l'innovation et la technologie pour atteindre cet impératif humain et moral ».

Souscriptions :

de SS le Pape François, chef de l'Église catholique romaine.

de SS Mme. Mata Amritanandamayi, représentante de l'hindouisme (Inde).

de la Vénérable Sr. Chân Không, représentante du Grand Maître du bouddhisme Zen Bhikkhuni Thich Nhat Hanh (Thaïlande).

du Vénérable Datuk K Sri Dhammaratana, Grand Prêtre bouddhiste de Malaisie.

de Mr le Rabbin Abraham Skorka, Recteur du séminaire rabbinique latino-américain (Argentine).

de Mr le Rabbin David Rosen, Président de l'International Council of Christians and Jews (Israël).

du Dr Abbas Abdalla Abbas Soliman, représentant le Grand Imam Mohamed Ahmed El-Tayeb de l'Université Al-Azhar (Egypte).

du Grand Ayatollah Mohammad Taqi al-Modarresi (Irak).

du Scheik Naziyah Razzaq Jaafar, représentant du Grand Ayatollah Sheikh Basheer Hussain al Najafi (Pakistan).

du Scheik Omar Abboud (Argentine).

de SG Justin Welby, Archevêque de Canterbury et primat de l'Église anglicane.

de SE le Métropolitain de France Emmanuel, représentant SS le Patriarche œcuménique.

Source http://www.news.va

V.2. Une déclaration qui nourrit l'espoir

Cette déclaration suscite une lueur d'espoir comme le commentent certaines presses. Les Franciscains séculiers au Canada en donnent écho[281] :

> « Pour la première fois de l'histoire, les chefs des communautés catholique, anglicane et orthodoxe, ainsi que bouddhiste, hindoue, juive et musulmane, s'engagent conjointement dans le cadre d'une lutte commune contre l'esclavage. À l'occasion de la Journée internationale pour l'abolition de l'esclavage, ils se sont réunis à Rome, afin de signer une déclaration commune, dans laquelle l'esclavage est considéré comme un crime contre l'humanité ».

Le commentaire qui suit perçoit l'importance de l'événement[282] :

> « C'est une chance pour l'humanité que plusieurs chefs religieux étaient ainsi réunis au Vatican dans le cadre d'une initiative historique

---

[281] http : // fraternite - ofs - sherb.eklablog.com/les - leaders - religieux - ensemble - contre - l - esclavage - crime - contre - l - human - a113880046 (8 - 12 - 2014) ;
[282] http : // fraternite - ofs - sherb.eklablog.com/les - leaders - religieux - ensemble - contre - l - esclavage - crime - contre - l - human - a113880046 (8 - 12 - 2014).

visant à éradiquer de manière définitive l'esclavage moderne dans le monde entier d'ici 2020. C'est un fait rarissime que des chefs religieux ont en effet signé la Déclaration commune des chefs religieux contre l'esclavage moderne, afin de souligner le fait que l'esclavage moderne (sous la forme de traite des êtres humains, de travail forcé et de prostitution, de trafic d'organes et de toute relation ne respectant pas la conviction fondamentale selon laquelle tous les individus sont égaux et bénéficient de la même liberté et dignité) constitue un crime contre l'humanité qui doit être reconnu comme tel par tout individu et par toutes les nations. Ils ont ainsi affirmé leur volonté commune de susciter, partout dans le monde, une action spirituelle et concrète parmi toutes les confessions et personnes de bonne volonté en vue d'éradiquer l'esclavage moderne ».

Nous notons le caractère œcuménique et interreligieux, de l'événement, car le Pape, dans son discours, a remercié tous les responsables religieux présents pour leur engagement en faveur des survivants à la traite des personnes et pour leur participation à cette signature, « un acte de fraternité à l'adresse de nos frères les plus souffrants ». « Cette initiative, a souligné le

Pape, est historique : déclarer que nous travaillerons ensemble[283] pour éradiquer le terrible fléau de l'esclavage moderne, sous toutes ses formes ». Le pape François a dénoncé un « fléau atroce, présent dans tout le monde », en évoquant « toutes ses formes, économiques, psychologiques, sexuelles », y compris « dans le tourisme ». Il a cité la prostitution, le travail des enfants, la vente des organes, les mutilations forcées.

Le Pape a insisté sur l'ampleur du fléau, énumérant les endroits qu'on ne pouvait pas soupçonner, et donné la motivation de la lutte : la personne humaine est à l'image de Dieu[284] :

> *« Ce fléau atroce est présent à grande échelle dans le monde entier, y compris dans le tourisme et s'aggrave chaque jour un peu plus, a-t-il relevé. Des dizaines de millions de personnes, surtout pauvres et vulnérables, sont enchaînées dans l'inhumanité et l'humiliation. Ce crime se cache derrière les portes des églises, dans les rues, dans les voitures dans les usines, dans les campagnes, à bord des chalutiers. En remerciant les*

---

[283] http : // fraternite - ofs - sherb.eklablog.com/les - leaders - religieux - ensemble - contre - l - esclavage - crime - contre - l - human - a113880046 (8 - 12 - 2014).

[284] http : // fraternite - ofs - sherb.eklablog.com/les - leaders - religieux - ensemble - contre - l - esclavage - crime - contre - l - human - a113880046 (8 - 12 - 2014).

> *représentants des autres religions pour cet engagement transversal, le Pape François a souligné que les croyants ne peuvent pas tolérer que l'image du Dieu vivant soit soumise au trafic le plus aberrant. Tous les êtres humains sont à l'image de Dieu ; ils ont donc égaux et libres et leur dignité doit être reconnue. Les gouvernements, les croyants, les entreprises et l'opinion publique doivent prendre leurs responsabilités. Aujourd'hui nous avons les moyens pour atteindre cet objectif humain et moral »*[285].

Au siège de l'Académie pontificale des sciences qui a accueilli la cérémonie, le Saint-Père insistait :

> *« en vertu de nos religions, nous sommes réunis pour une initiative historique concrète, pour nous engager à œuvrer ensemble à l'éradication de toutes les formes d'esclavage moderne, physique, économique, sexuel ou psychologique qui plongent des dizaines de millions de personnes de tout âge dans l'humiliation et la déshumanisation. Tout être humain est image de Dieu, qui est amour et liberté... C'est pourquoi toute personne est libre et appelée à vivre dans l'égalité et la fraternité.*

---

[285] http : // fraternite - ofs - sherb.eklablog.com/les - leaders - religieux - ensemble - contre - l - esclavage - crime - contre - l - human - a113880046 (8 - 12 - 2014).

Les hommes étant tous égaux, on doit leur reconnaître une liberté et une dignité unique. Toute discrimination constitue un délit, et parfois même un crime aberrant. C'est pourquoi, au nom de tous et de chacun de nous et chacun en vertu de sa foi, nous déclarons que la traite des êtres humains, le travail forcé notamment des mineurs, la prostitution, la mutilation et le vol d'organes constituent des crimes contre l'humanité... Ainsi encourageons-nous nos communautés à rejeter toute privation de la liberté individuelle aux fins d'exploitation d'autrui. Malgré les grands efforts déployés, l'esclavage moderne constitue un fléau ignoble à grande échelle, y compris sous sa forme touristique... Il se réalise souvent derrière des portes fermées, mais aussi dans les rues, dans des usines, aux champs, etc. Dans les pays riches comme dans les pauvres la situation empire. Nous appelons tous les croyants, les gouvernements, le monde de l'entreprise, toutes les personnes de bonne volonté de par le monde à s'unir pour lutter contre ce fléau d'aujourd'hui. Soutenus par nos idéaux religieux et les valeurs humaines que nous partageons, nous devons et pouvons tous ensemble...mettre en commun nos énergies. Puisse le Seigneur nous accorder la grâce de convertir notre prochain, mais aussi nous-mêmes, et d'aller au secours de tous ceux qui, sans exception, croisent notre route : Du vieillard abandonné au travailleur déprécié, du réfugié tombé dans les griffes de la criminalité aux mineurs traînant dans les rues comme esclaves sexuels, ou à l'enfant mutilé et privés d'un organe. Toutes ces personnes en appellent à notre conscience, comme en écho à la voix de Dieu. Jésus nous a dit que chaque fois que nous ferions le bien d'un de nos frères c'est à lui que nous le ferions. Merci chers amis d'être là pour cet engagement transversal, qui nous engage chacun selon le reflet que nous avons de Dieu, convaincus de ce que l'être humain image du Dieu vivant ne peut être soumis à l'esclavage »[286].

V.3. Le Pape François contre l'esclavage

Une semaine après la signature de la Déclaration contre l'esclavage par les leaders des différentes religions, le chef de l'Église Catholique réaffirme sa position contre l'esclavage, reprenant les paroles que saint Paul adressa jadis à Philémon de recevoir son ancien esclave fugitif non plus comme esclave, mais davantage comme un frère. C'est le message de la journée internationale pour la paix, le 1er janvier 2014. Les grands points de ce document que je présente in extenso sont :

1. dans l'introduction le Pape François adresse les vœux de paix à toute l'humanité ;

---

[286] http : // fraternite - ofs - sherb.eklablog.com/les - leaders - religieux - ensemble - contre - 1 - esclavage - crime - contre - 1 - human - a113880046 (8 - 12 - 2014).

2. dans le deuxième, il invite tout le monde à être à l'écoute du projet de Dieu sur l'humanité ;

3. dans le troisième, il dénonce les multiples visages de l'esclavage d'hier et d'aujourd'hui ;

4. dans le quatrième, il déniche quelques causes profondes de l'esclavage, parmi lesquels une mauvaise conception de Dieu, fruit du péché qui pousse à l'égoïsme pour bafouer le droit de l'autre ;

5. dans le cinquième, il invite tout le monde à un engagement commun pour vaincre l'esclavage ;

6. dans le sixième, il note que c'est plutôt la fraternité qu'il faut globaliser et non l'esclavage et l'indifférence comme se présente la société actuelle.

Voici le message du Pape in extenso[287] :

1. Au début d'une nouvelle année, que nous accueillons comme une grâce et un don de Dieu à

---

[287] Pape François, *Message du Pape François pour la célébration de la XLVIIIe journée internationale de la paix*, in http ://w2.vatican.va/content/francesco/fr/messages/peace/documents/papa-francesco_20141208_messaggio-xlviii-giornata-mondiale-pace-2015.html (28-12-2014), Copyright Libreria Editrice Vaticana, Roma

l'humanité, je désire adresser à chaque homme et femme, ainsi qu'à chaque peuple et à chaque nation du monde, aux Chefs d'État et de gouvernement ainsi qu'aux responsables des diverses religions, mes vœux fervents de paix, que j'accompagne de ma prière afin que cessent les guerres, les conflits et les nombreuses souffrances provoqués soit par la main de l'homme soit par de vieilles et nouvelles épidémies comme par les effets dévastateurs des calamités naturelles[288]. Je prie de manière particulière pour que, répondant à notre vocation commune de collaborer avec Dieu et avec tous les hommes de bonne volonté pour la promotion de la concorde et de la paix dans le monde, nous sachions résister à la tentation de nous comporter de manière indigne de notre humanité.

Dans le message pour le 1er janvier dernier, j'avais observé qu'au « désir d'une vie pleine… appartient une soif irrépressible de fraternité, qui pousse vers la communion avec les autres, en qui nous ne trouvons pas des ennemis ou des concurrents, mais des frères à accueillir et à embrasser ». L'homme étant un être relationnel, destiné à se réaliser dans le contexte de rapports interpersonnels inspirés par la justice et la charité,

---

[288] Pape François, *Message du Pape François pour la célébration de la XLVIIIe journée internationale de la paix*, in http : // w2.vatican.va/content/francesco/fr/messages/peace/documents/papa - francesco_20141208_messaggio - xlviii - giornata - mondiale - pace - 2015.html (28 - 12 - 2014), Copyright Libreria Editrice Vaticana, Roma.

il est fondamental pour son développement que soient reconnues et respectées sa dignité, sa liberté et son autonomie. Malheureusement, le fléau toujours plus répandu de l'exploitation de l'homme par l'homme blesse gravement la vie de communion et la vocation à tisser des relations interpersonnelles empreintes de respect, de justice et de charité. Cet abominable phénomène, qui conduit à piétiner la dignité et les droits fondamentaux de l'autre et à en anéantir la liberté et la dignité, prend de multiples formes sur lesquelles je désire réfléchir brièvement, afin que, à la lumière de la Parole de Dieu, nous puissions considérer tous les hommes « *non plus esclaves, mais frères* ».

À l'écoute du projet de Dieu pour l'humanité

2. Le thème que j'ai choisi pour le présent message rappelle la Lettre de saint Paul à Philémon, dans laquelle l'Apôtre demande à son collaborateur d'accueillir Onésime, autrefois esclave de Philémon et maintenant devenu chrétien, et donc, selon Paul, digne d'être considéré comme *un frère*. Ainsi, l'Apôtre des gentils écrit : « Il t'a été retiré pour un temps qu'afin de t'être rendu pour l'éternité, non plus comme un esclave, mais bien mieux qu'un esclave, comme un frère très cher » (*Phm* 1, 15-16). Onésime est devenu *frère* de Philémon en devenant chrétien. Ainsi la conversion au Christ, le début d'une vie de *disciple dans le Christ*, constitue une *nouvelle naissance* (cf. *2 Co* 5, 17 ; *1 P* 1, 3) qui régénère la *fraternité* comme lien fondateur de la vie familiale et fondement de la vie sociale.

Quand, dans le Livre de la *Genèse* (cf. 1, 27-28), nous lisons que Dieu créa l'homme *homme et femme* et les bénit, afin qu'ils grandissent et se multiplient, il fit d'Adam et d'Ève des parents qui, en accomplissant la bénédiction de Dieu d'être féconds et de se multiplier, ont généré la première *fraternité*, celle de Caïn et Abel. Caïn et Abel sont frères, parce qu'ils viennent du même sein, et donc ils ont la même origine, la même nature et la même dignité que leurs parents, créés à l'image et à la ressemblance de Dieu.

Mais la *fraternité* exprime aussi la multiplicité et la différence qui existent entre les frères, bien que liés par la naissance et ayant la même nature et la même dignité. En tant que *frères et sœurs*, toutes les personnes sont donc par nature en relation avec les autres, dont elles se différencient, mais avec lesquelles elles partagent la même origine, la même nature et la même dignité. C'est en raison de cela que la *fraternité* constitue le réseau de relations fondamentales pour la construction de la famille humaine créée par Dieu.

Malheureusement, entre la première création racontée dans le Livre de la Genèse et la *nouvelle naissance* dans le Christ, qui rend les croyants frères et sœurs du « premier-né d'une multitude de frères » (*Rm* 8, 29), il y a la réalité négative du péché qui, à plusieurs reprises, rompt la fraternité issue de la création et déforme continuellement la beauté et la noblesse du fait d'*être frères et sœurs* de la même famille humaine. Non seulement Caïn ne supporte pas son frère Abel, mais il le tue par envie en commettant le premier fratricide. « Le meurtre d'Abel par Caïn atteste tragiquement le rejet radical de la vocation à être frères. Leur histoire (cf. *Gn* 4, 1-16) met en évidence la tâche difficile à laquelle tous les hommes sont appelés, de vivre unis, en prenant soin l'un de l'autre ».

Pareillement, dans l'histoire de la famille de Noé et de ses fils (cf. *Gn* 9, 18-27), c'est l'impiété de Cham à l'égard de son père Noé qui pousse celui-ci à maudire le fils irrévérencieux[289] et à bénir les autres, ceux qui l'avaient honoré, en créant ainsi une inégalité entre frères nés du même sein.

Dans le récit des origines de la famille humaine, le péché d'éloignement de Dieu, de la figure du père et du frère devient une expression du refus de la communion et se traduit par la culture de l'asservissement (cf. *Gn* 9, 25-27), avec les conséquences que cela implique et qui se prolongent de génération en génération : refus de l'autre, maltraitance des personnes, violation de la dignité et des droits fondamentaux, institutionnalisation d'inégalités. D'où la nécessité d'une continuelle conversion à l'Alliance, accomplie par l'oblation du Christ sur la croix, confiant que

---

[289] Toutefois le texte n'a jamais dit que Noé avait maudit Cham, le fautif (v.22) ; curieusement c'est le fils de Cham, Canaan qui est maudit (v25-27), sans avoir signalé sa faute. La tradition postérieure raciste dira que Cham a été maudit par Dieu et qu'il représentait les Noirs qui doivent être esclaves des Blancs. C'est une interprétation tendancieuse.

« là où le péché s'est multiplié, la grâce a surabondé... par Jésus-Christ notre Seigneur » (*Rm* 5, 20.21). Lui, le « *Fils aimé* » (cf. Mt 3, 17), est venu révéler l'amour du Père pour l'humanité. Quiconque écoute l'Évangile et répond à l'appel à la conversion devient pour Jésus « *un frère, une sœur et une mère* » (*Mt* 12, 50), et par conséquent *fils adoptif* de son Père (cf. *Ep* 1, 5).

On ne devient cependant pas chrétien, fils du Père et frères dans le Christ par une disposition divine autoritaire, sans l'exercice de la liberté personnelle, c'est-à-dire sans se convertir *librement* au Christ. Le fait d'être fils de Dieu suit l'impératif de la conversion : « Convertissez-vous, et que chacun de vous soit baptisé au nom de Jésus-Christ pour le pardon de ses péchés, et vous recevrez alors le don du Saint-Esprit » (*Ac* 2, 38). Tous ceux qui ont répondu, par la foi et dans la vie, à cette prédication de Pierre sont entrés dans la *fraternité* de la première communauté chrétienne (cf. *1 P* 2, 17 ; *Ac* 1, 15.16 ; 6, 3 ; 15, 23) : Juifs et Grecs, esclaves et hommes libres (cf. *1 Co* 12, 13 ; *Ga* 3, 28), dont la diversité d'origine et de condition sociale ne diminue pas la dignité propre à chacun ni n'exclut personne de l'appartenance au peuple de Dieu. La communauté chrétienne est donc le lieu de la communion vécue dans l'amour entre les frères (cf. *Rm* 12, 10 ; *1 Th* 4, 9 ; *He* 13, 1 ; *1 P* 1, 22 ; *2 P* 1, 7).

Tout cela démontre que la Bonne Nouvelle de Jésus Christ, par qui Dieu fait « toutes choses nouvelles » (*Ap* 21, 5)[3], est aussi capable de racheter les relations entre les hommes, y compris celle entre un esclave et son maître, en mettant en lumière ce que tous deux ont en commun : la filiation adoptive et le lien de fraternité dans le Christ. Jésus lui-même a dit à ses disciples : « Je ne vous appelle plus serviteurs, car le serviteur ne sait pas ce que fait son maître ; mais je vous appelle mes amis, car tout ce que j'ai entendu de mon Père, je vous l'ai fait connaître » (*Jn* 15, 15).

Les multiples visages de l'esclavage hier et aujourd'hui

3. Depuis les temps immémoriaux, les diverses sociétés humaines connaissent le phénomène de l'asservissement de l'homme par l'homme. Il y a eu des époques dans l'histoire de l'humanité où l'institution de l'esclavage était généralement acceptée et régulée par le droit. Ce dernier établissait qui naissait libre et qui, au contraire, naissait esclave, et également dans quelles conditions la personne, née libre, pouvait perdre sa liberté ou la reconquérir. En d'autres termes, le droit lui-même admettait que certaines personnes pouvaient ou devaient être considérées comme la propriété d'une autre personne, laquelle pouvait en disposer librement ; l'esclave pouvait être vendu et acheté, cédé et acquis comme s'il était une marchandise.

Aujourd'hui, suite à une évolution positive de la conscience de l'humanité, l'esclavage, crime de lèse-humanité a été formellement aboli dans le monde. Le droit de chaque personne à ne pas être tenue en état d'esclavage ou de servitude a été reconnu dans le droit international comme norme contraignante.

Et pourtant, bien que la communauté internationale ait adopté de nombreux accords en vue de mettre un terme à l'esclavage sous toutes ses formes, et mis en marche diverses stratégies pour combattre ce phénomène, aujourd'hui encore des millions de personnes – enfants, hommes et femmes de tout âge – sont privées de liberté et contraintes à vivre dans des conditions assimilables à celles de l'esclavage.

Je pense aux nombreux *travailleurs et travailleuses, même mineurs, asservis* dans les divers secteurs, au niveau formel et informel, du travail domestique au travail agricole, de l'industrie manufacturière au secteur minier, tant dans les pays où la législation du travail n'est pas conforme aux normes et aux standards minimaux internationaux que, même illégalement, dans les pays où la législation protège le travailleur.

Je pense aussi aux conditions de vie de *nombreux migrants* qui, dans leur dramatique parcours, souffrent de la faim, sont privés de liberté, sont dépouillés de leurs biens ou abusés physiquement et sexuellement. Je pense à ceux d'entre eux qui, arrivés à destination après un voyage dans des conditions physiques très dures et dominées par la peur et l'insécurité, sont détenus dans des conditions souvent inhumaines. Je pense à ceux d'entre eux que les diverses circonstances sociales, politiques et économiques poussent à vivre dans la clandestinité, et à ceux qui, pour rester dans la légalité, acceptent de vivre et de travailler dans des conditions indignes, spécialement quand les législations nationales créent ou permettent une dépendance structurelle du travailleur migrant par rapport à l'employeur, en conditionnant, par exemple, la légalité du séjour au contrat de travail… Oui, je pense au « travail esclave ».

Je pense aux *personnes contraintes de se prostituer*, parmi lesquelles beaucoup sont mineures, et aux *esclaves sexuels* ; aux femmes forcées de se marier, à celles vendues en vue du mariage ou à celles transmises par succession à un membre de la famille à la mort du mari sans qu'elles aient le droit de donner ou de ne pas donner leur propre consentement.

Je ne peux pas ne pas penser à tous ceux qui, mineurs ou adultes, font l'objet de trafic et de commerce pour le prélèvement d'organes, pour être enrôlés comme soldats, pour faire la mendicité, pour des activités illégales comme la production ou la vente de stupéfiants, ou pour des formes masquées d'adoption internationale.

Je pense enfin à tous ceux qui sont enlevés et tenus en captivité par des *groupes terroristes*, asservis à leurs fins comme combattants ou, surtout en ce qui concerne les jeunes filles et les femmes, comme esclaves sexuelles. Beaucoup d'entre eux disparaissent, certains sont vendus plusieurs fois, torturés, mutilés, ou tués.

Quelques causes profondes de l'esclavage

4. Aujourd'hui comme hier, à la racine de l'esclavage, il y a une conception de la personne humaine qui admet la possibilité de la traiter comme un objet. Quand le péché corrompt le cœur de l'homme et l'éloigne de son Créateur et de ses semblables, ces derniers ne sont plus perçus

comme des êtres d'égale dignité, comme frères et sœurs en humanité, mais sont vus comme des objets. La personne humaine, créée à l'image et à la ressemblance de Dieu, par la force, par la tromperie ou encore par la contrainte physique ou psychologique, est privée de sa liberté, commercialisée, réduite à être la propriété de quelqu'un, elle est traitée comme un moyen et non comme une fin.

À côté de cette cause ontologique – refus de l'humanité dans l'autre –, d'autres causes concourent à expliquer les formes contemporaines d'esclavage. Parmi elles, je pense surtout à la *pauvreté*, au sous-développement et à l'exclusion, spécialement quand ils se combinent avec le *manque d'accès à l'éducation* ou avec une réalité caractérisée par de *faibles, sinon inexistantes, opportunités de travail*. Fréquemment, les victimes de trafic et d'asservissement sont des personnes qui ont cherché une manière de sortir d'une condition de pauvreté extrême, en croyant souvent à de fausses promesses de travail, et qui au contraire sont tombées entre les mains de réseaux criminels qui gèrent le trafic d'êtres humains. Ces réseaux utilisent habilement les technologies informatiques modernes pour appâter des jeunes, et des très jeunes, partout dans le monde.

De même, la *corruption* de ceux qui sont prêts à tout pour s'enrichir doit être comptée parmi les causes de l'esclavage. En effet, l'asservissement et le trafic des personnes humaines requièrent une complicité qui souvent passe par la corruption des intermédiaires, de certains membres des forces de l'ordre ou d'autres acteurs de l'État ou de diverses institutions, civiles et militaires. « Cela arrive quand au centre d'un système économique se trouve le dieu argent et non l'homme, la personne humaine. Oui, au centre de tout système social ou économique doit se trouver la personne, image de Dieu, créée pour être le dominateur de l'univers. Quand la personne est déplacée et qu'arrive le dieu argentn se produit ce renversement des valeurs ».

D'autres causes de l'esclavage sont les *conflits armés*, les *violences*, la *criminalité* et le *terrorisme*. De nombreuses personnes sont enlevées pour être vendues, ou enrôlées comme combattantes, ou bien exploitées sexuellement, tandis que d'autres sont contraintes à émigrer, laissant tout ce qu'elles possèdent : terre, maison, propriétés, ainsi que les membres de la famille. Ces dernières sont poussées à chercher une alternative à ces conditions terribles, même au risque de leur dignité et de leur survie, en risquant d'entrer ainsi dans ce cercle vicieux qui en fait une proie de la misère, de la corruption et de leurs pernicieuses conséquences.

Un engagement commun pour vaincre l'esclavage.

5. Souvent, en observant le phénomène de la traite des personnes, du trafic illégal des migrants et d'autres visages connus et inconnus de l'esclavage, on a l'impression qu'il a lieu dans l'indifférence générale.

Si, malheureusement, cela est vrai en grande partie, je voudrais cependant rappeler l'immense travail silencieux que de nombreuses *congrégations religieuses*, surtout féminines, réalisent depuis de nombreuses années en faveur des victimes. Ces instituts œuvrent dans des contextes difficiles, dominés parfois par la violence, en cherchant à briser les chaînes invisibles qui lient les victimes à leurs trafiquants et exploiteurs ; des chaînes dont les mailles sont faites de mécanismes psychologiques subtils qui rendent les victimes dépendantes de leurs bourreaux par le chantage et la menace, pour eux et leurs proches, mais aussi par des moyens matériels, comme la confiscation des documents d'identité et la violence physique. L'action des congrégations religieuses s'articule principalement autour de trois actions : le secours aux victimes, leur réhabilitation du point de vue psychologique et de la formation, et leur réintégration dans la société de destination ou d'origine.

Cet immense travail qui demande courage, patience et persévérance mérite l'estime de toute l'Église et de la société. Mais à lui seul, il ne peut naturellement pas suffire pour mettre un terme au fléau de l'exploitation de la personne humaine. Il faut aussi un triple engagement, au *niveau institutionnel*, de la prévention, de la protection des victimes et de l'action judiciaire à l'égard des responsables. De plus, comme les organisations criminelles utilisent des réseaux globaux pour atteindre leurs objectifs, de même l'engagement pour vaincre ce phénomène requiert un effort commun et tout autant global de la part des divers acteurs qui composent la société.

Les *États* devraient veiller à ce que leurs propres législations nationales sur les migrations, sur le travail, sur les adoptions, sur la délocalisation des entreprises et sur la commercialisation des produits fabriqués grâce à l'exploitation du travail soient réellement respectueuses de la dignité de la personne. Des lois justes sont nécessaires, centrées sur la personne humaine, qui défendent ses droits fondamentaux et les rétablissent s'ils sont violés, en réhabilitant la victime et en assurant sa sécurité, ainsi que des mécanismes efficaces de contrôle de l'application correcte de ces normes, qui ne laissent pas de place à la corruption et à l'impunité. Il est aussi nécessaire que soit reconnu le rôle de la femme dans la société, en œuvrant également sur le plan de la culture et de la communication pour obtenir les résultats espérés.

Les *organisations intergouvernementales*, conformément au principe de subsidiarité, sont appelées à prendre des initiatives coordonnées pour combattre les réseaux transnationaux du crime organisé qui gèrent la traite des personnes humaines et le trafic illégal des migrants. Une coopération à divers niveaux devient nécessaire, qui inclut les institutions nationales et internationales, ainsi que les organisations de la société civile et le monde de l'entreprise.

Les *entreprises*, en effet, ont le devoir de garantir à leurs employés des conditions de travail dignes et des salaires convenables, mais aussi de veiller à ce que des formes d'asservissement ou de trafic de personnes humaines n'aient pas lieu dans les chaînes de distribution. La responsabilité sociale de l'entreprise est accompagnée par la *responsabilité sociale du consommateur*. En effet, chaque personne devrait avoir conscience qu'« acheter est non seulement un acte économique, mais toujours aussi un acte moral ».

Les *organisations de la société civile*, de leur côté, ont le devoir de sensibiliser et de stimuler les consciences sur les pas nécessaires pour contrecarrer et éliminer la culture de l'asservissement.

Ces dernières années, le Saint-Siège, en accueillant le cri de douleur des victimes du trafic et la voix des congrégations religieuses qui les accompagnent vers la libération, a multiplié les appels à la communauté internationale, afin que les différents acteurs unissent leurs efforts et coopèrent pour mettre un terme à ce fléau[8]. De plus, certaines rencontres ont été organisées dans le but de donner une visibilité au phénomène de la traite des personnes et de faciliter la collaboration entre divers acteurs, dont des experts du monde académique et des organisations internationales, des forces de l'ordre de différents pays de provenance, de transit et de destination des migrants, et des représentants des groupes ecclésiaux engagés en faveur des victimes. Je souhaite que cet engagement continue et se renforce dans les prochaines années.

Globaliser la fraternité, non l'esclavage ni l'indifférence

6. Dans son œuvre d'annonce de la vérité de l'amour du Christ dans la société, l'Église s'engage constamment dans les actions de caractère caritatif à partir de la vérité

sur l'homme. Elle a la tâche de montrer à tous le chemin vers la conversion, qui amène à changer le regard sur le prochain, à reconnaître dans l'autre, quel qu'il soit, un frère et une sœur en humanité, à en reconnaître la dignité intrinsèque dans la vérité et dans la liberté, comme nous l'illustre l'histoire de <u>Joséphine Bakhita</u>, la sainte originaire de la région du Darfour au Soudan, enlevée par des trafiquants d'esclaves et vendue à des maîtres terribles dès l'âge de neuf ans, et devenue ensuite, à travers de douloureux événements, ''libre fille de Dieu'' par la foi vécue dans la consécration religieuse et dans le service des autres, spécialement des petits et des faibles. Cette sainte, qui a vécu entre le XIXe et le XXe siècle, est aujourd'hui un témoin et un modèle d'espérance pour les nombreuses victimes de l'esclavage, et elle peut soutenir les efforts de tous ceux qui se consacrent à la lutte contre cette « plaie dans le corps de l'humanité contemporaine, une plaie dans la chair du Christ »[290].

Dans cette perspective, je désire inviter chacun, dans son rôle et dans ses responsabilités particulières, à faire des gestes de fraternité à l'égard de ceux qui sont tenus en état d'asservissement. Demandons-nous comment, en tant que communauté ou comme individus, nous nous sentons interpellés quand, dans le quotidien, nous rencontrons ou

---

[290] Discours aux participants à la IIème Conférence Internationale sur la traite des êtres humains, 10 avril 2014 *: DC* n° 2516 (2014), p. 113 ; cf. Exhort. ap. *Evangelii gaudium,* n. 270.

avons affaire à des personnes qui pourraient être victimes du trafic d'êtres humains, ou quand nous devons choisir d'acheter des produits qui peuvent, en toute vraisemblance, avoir été fabriqués par l'exploitation d'autres personnes. Certains d'entre nous, par indifférence ou parce qu'assaillis par les préoccupations quotidiennes, ou pour des raisons économiques, ferment les yeux. D'autres, au contraire, choisissent de faire quelque chose de positif, de s'engager dans les associations de la société civile ou d'effectuer de petits gestes quotidiens – ces gestes ont tant de valeur ! – comme adresser une parole, une salutation, un « bonjour », ou un sourire, qui ne nous coûtent rien, mais qui peuvent donner l'espérance, ouvrir des voies, changer la vie d'une personne qui vit dans l'invisibilité, et aussi changer notre vie par la confrontation à cette réalité.

Nous devons reconnaître que nous sommes en face d'un phénomène mondial qui dépasse les compétences d'une seule communauté ou nation. Pour le combattre, il faut une mobilisation de dimensions comparables à celles du phénomène lui-même. Pour cette raison, je lance un appel pressant à tous les hommes et à toutes les femmes de bonne volonté, et à tous ceux qui, de près ou de loin, y compris aux plus hauts niveaux des institutions, sont témoins du fléau de l'esclavage contemporain, à ne pas se rendre complices de ce mal, à ne pas détourner le regard face aux souffrances de leurs frères et sœurs en humanité, privés de la liberté et de la dignité, mais à avoir le courage de toucher la chair souffrante du Christ[12], qui se rend visible à travers les innombrables visages de ceux que Lui-même appelle « ces plus petits de mes frères » (*Mt* 25, 40.45).

Nous savons que Dieu demandera à chacun de nous : qu'as-tu fait de ton frère ? (cf. *Gn* 4, 9-10). La mondialisation de l'indifférence qui, aujourd'hui, pèse sur les vies de beaucoup de sœurs et de frères, requiert que nous nous fassions tous les artisans d'une mondialisation de la solidarité et de la fraternité, qui puisse leur redonner l'espérance, et leur faire reprendre avec courage le chemin à travers les problèmes de notre temps et les perspectives nouvelles qu'il apporte et que Dieu met entre nos mains.

Du Vatican, le 8 décembre 2014.

FRÂNCISCUS

[1] N. 1.

[2] *Message pour la Journée Mondiale de la Paix 2014*, n° 2.

[3] Cf. Exhort. ap., *Evangelii gaudium*, n. 11.

[4] Cf. *Discours à la Délégation internationale de l'Association de Droit Pénal*, 23 octobre 2014 : *L'Osservatore Romano*, éd. fr. n°. 3.353 (30 oct. 2014), p. 8.

[5] *Discours aux Participants à la Rencontre mondiale des Mouvements populaires*, 28 octobre 2014 : *L'Osservatore Romano*, éd. fr. n°. 3.353 (30 oct. 2014), p. 6.

[6] Cf. Conseil Pontifical "Justice et Paix", *La vocation du dirigeant d'entreprise. Une réflexion*, Milan et Rome, 2013.

[7] Benoît XVI, Let. enc. *Caritas in veritate*, n. 66.

[8] Cf. *Message à M. Guy Ryder*, Directeur Général de l'Organisation Internationale du Travail, à l'occasion de la 103ème session de la Conférence de l'Organisation Internationale du Travail (Genève, 28 mai-12 juin 2014), 22 mai 2014 : *L'Osservatore Romano*, éd. fr. n° 3.333 (5 juin 2014), p. 5.

[9] Benoît XVI, Let. enc. *Caritas in veritate*, n. 5.

[10] « Par la connaissance de cette espérance, elle était "rachetée", elle ne se sentait plus une esclave, mais une fille de Dieu libre. Elle comprenait ce que Paul entendait lorsqu'il rappelait aux Éphésiens qu'avant ils étaient sans espérance et sans Dieu dans le monde – sans espérance parce que sans Dieu » (Benoît XVI, Let. enc. *Spe salvi,* n. 3).

[11] Discours aux participants à la IIe Conférence internationale sur la traite des êtres humains, 10 avril 2014 *:* DC n0 2516 (2014), p. 113 ; cf. Exhort. ap. *Evangelii gaudium,* n. 270.

[12] Cf. Exhort. ap. *Evangelii gaudium*, nn. 24.270.

© Copyright - Libreria Editrice Vaticana

Au regard de ces différentes interventions œcuméniques et interreligieuses, nous constatons une prise de conscience des dégâts qu'une mauvaise conception de Dieu a causés à l'humanité. En fait, le monde entier a pratiqué l'esclavage de l'antiquité jusqu'à l'abolition moderne. Beaucoup de religions prônaient le prosélytisme et chacune considérait son Dieu différent de celui des autres. La prise de conscience a été lente, mais la fraternité prônée peut maintenant avoir de bons résultats, à l'instar de ce que disait Paul : « là où le péché a abondé la grâce a surabondé » (Rm 5, 20). Espérons que désormais les grandes religions modernes et surtout les confessions chrétiennes pourront renouer avec la conception du monothéisme hiérarchique africain où les intermédiaires ne prenaient jamais la place du Dieu unique et universel qui ne fait d'ailleurs pas partie de nos querelles humaines.

Conclusion générale

Dans le premier chapitre, nous nous sommes intéressé aux origines de l'humanité. Avec l'appui des informations fournies par la paléontologie et l'archéologie, nous sommes arrivé à la conclusion selon laquelle le berceau de l'humanité se trouve en Afrique. Nous nous sommes posé la question de savoir quelle religion pratiquait l'homme primitif. Beaucoup d'éléments nous indiquaient que la religion antique remontant à l'Égypte et qui subsiste dans beaucoup des cultures négro-africaines est bel et bien le monothéisme, bien que nous puissions qualifier celui-ci de Monothéisme hiérarchique, dans le sens où les nombreux intermédiaires surtout les Ancêtres ne se substituent pas à l'Être suprême. Les appellations de l'Être suprême sont diverses selon les langues, mais elles indiquent la même conception. Nous avons constaté que lorsque ces intermédiaires ne sont jamais considérés comme des dieux, il n'y avait donc ni idoles ni polythéisme.

Dans le deuxième chapitre, nous avons interrogé la Bible qui nous a révélé que les Hébreux ont fait un long cheminement, du 11e au 4e siècle avant Jésus-Christ, pour arriver au monothéisme. Beaucoup d'indices montrent que leur religion est en très grande partie tributaire de la Religion de l'Égypte ancienne, qui reconnaissait déjà dans le Grand Hymne d'Akhenaton, l'existence de différentes races, créées et gouvernées par l'unique Dieu Aton-Rà qui est bien représenté par le soleil. Les rapprochements entre la langue kémite de l'Égypte ancienne et le vocabulaire religieux hébreu ont révélé une grande dépendance du dernier au premier. Le chapitre conclut sur une constatation de l'antériorité du monothéisme africain par rapport au monothéisme biblique.

Dans le troisième chapitre, nous avons comparé l'impact social et comportemental des monothéismes qui se réclament d'origine abrahamique. Considérant les recherches actuelles, Moise et Abraham seraient des Africains. Nous avons constaté que le monothéisme hébreu a évolué en trois branches qui sont le Judaïsme, le Christianisme et l'Islam. Tous ces trois monothéismes sont caractérisés par un certain prosélytisme et une tendance à l'intolérance, déduite du chapitre 9 et 10 de la Genèse, par des Juifs, des chrétiens et des musulmans. Ces intolérances ont engendré le mythe de Cham qui s'est répété dans l'histoire de l'évangélisation. Nous sommes arrivés à la conclusion selon laquelle ces trois monothéismes devraient apprendre de leur ancêtre commun, à savoir, le monothéisme africain, la tolérance religieuse et la hiérarchisation harmonieuse des êtres pour être plus crédibles.

Au chapitre quatre, nous avons continué les comparaisons. Une lueur de tolérance et de dialogue se profilait déjà au Moyen-âge par l'expérience de Saint François d'Assise. Nous l'avons considéré comme un précurseur lointain du concile Vatican II concernant la tolérance et le dialogue. Encouragés par Vatican II, des chrétiens comme Karl Rahner prônent un nouveau paradigme théologique où l'Église ne se considère plus comme l'exportatrice de la Vérité. Des théologiens africains relisent la Bible et découvrent que le mythe de Cham est fruit de l'idéologie conflictuelle et que le Christ est le Réconciliateur de l'humanité. D'une part, dans sa personne il réconcilie l'humanité à Dieu, et d'autre part, les hommes entre eux. Certains, comme Munzihirwa, trouvent qu'il y avait une forme d'œcuménisme traditionnel dans la région des Grands Lacs africaine qui était pratiqué par les Mandwa, adeptes d'un culte rendu à un héros appelé Lyangombe qui voulait abolir les injustices sociales et le clivage ethnique, même les discriminations liées au sexe.

Un nouveau François nous apparait dans la personne du pape François qui, entouré d'autres chefs d'Églises et chefs de religions, a parlé ouvertement contre le mythe de Cham et contre l'esclavage moderne sous toutes ses formes.

Avec Kiatezua nous avons noté que c'est la religion africaine que Moïse, un initié de la religion d'Osiris, a apprise aux Israélites, des Africains ayant fui l'Égypte après la débâcle d'Akhenaton, comme le démontre admirablement Nillon Pierre dans son livre intitulé *Moïse, l'Africain*. Les Juifs, comme leurs cousins arabes sont des Sémites, tandis que les véritables Israélites (qui ont été déportés pour toujours par les Assyriens) et les Cananéens étaient des Égyptiens, c'est-à-dire des Négro-Africains qui avaient la même religion !

Avec Kiatezua nous avons constaté que l'intolérance des Juifs et des Arabes, renforcée par l'influence négative de l'épistémologie matérialiste de l'Occident, l'épistémologie lunaire, qu'ils ont adoptée au détriment de l'épistémologie solaire, les a amenés à se détourner du monothéisme hiérarchique qui leur avait été enseigné par les civilisations solaires Égyptienne et Babylonienne, et à introduire un monothéisme intolérant qui sera la principale cause des désastres que l'histoire nous enseigne : l'esclavage, la colonisation, l'extermination des Indiens d'Amérique et des Aborigènes d'Australie, la Showa tout comme la plupart des guerres dans le monde qui ont souvent une cause liée à la religion.

Avec Kiatezua nous proposons qu'il est donc temps pour le théologien négro-africain du troisième millénaire de faire une relecture de la Bible et du Coran à la lumière des civilisations qui étaient les soubassements de ces enseignements : les civilisations solaires de l'Égypte ancienne et de la Babylone. Les traditions établies sur base des présuppositions de la philosophie occidentale par les Juifs, les Arabes, les Romains et leurs descendants ne doivent pas guider une telle entreprise, comme c'est malheureusement le cas aujourd'hui, nous rappelle Kiatezwa. Leurs présuppositions de bases dans la nouvelle interprétation des Écritures saintes chrétiennes et musulmanes doivent être les postulats essentiels de la religion négro-africaine, poursuit-il.

Au bout de cette recherche, nous concluons avec Kiatezua que c'est de l'Afrique, berceau de l'humanité, que la notion de monothéisme s'est répandue dans le monde occidental. Pour lui, la tendance de l'élite occidentale à confiner l'Afrique dans le giron de l'animisme, n'est que l'ingratitude d'un élève qui renie son maître. En effet comme le précise Kiatezua, aujourd'hui une certaine élite occidentale, consciente de la défaillance de la vision de leurs prédécesseurs, tourne le dos à leur conception de l'animisme, ainsi la parapsychologie définit-elle l'animisme aujourd'hui comme simplement la croyance à l'existence d'une forme de vie avant comme après la mort^{291}. Mais une telle vision de choses n'est pas exclusive à l'Afrique et surtout il est manifestement présent dans le christianisme si on fait une lecture correcte de la Bible.

Notre travail consistait à répondre à la question de savoir si l'on peut être à la fois chrétien et Africain authentique. Les pages précédentes nous permettent de répondre par l'affirmative. Elles nous montrent également qu'à la question de dialogue œcuménique ou interreligieux d'aujourd'hui un recours au modèle du monothéisme traditionnel africain serait une chance, car aucune ethnie

---

^{291} *Obe oobe the out of body experience*, http : // web - us.com/oobe/oobe.htm, cité par KIATEZUA LUBANZADIO LUYALUKA, *L'Afrique est - elle animiste ?*,
 in http : // animiques.wordpress.com/lafrique - est - elle - animiste/15 - 4 - 2012.

africaine traditionnelle ne se concevait comme adorant un Dieu différent de celui de sa voisine. La différence existait dans la diversité de langues désignant l'Être suprême Créateur de tout l'univers. Ni le christianisme ni l'islam n'ont apporté le monothéisme à l'Afrique. C'est plutôt l'Afrique qui est le berceau à la fois de l'humanité et du monothéisme.

Appendice

Nous commençons par présenter le monument de l'histoire de l'Afrique en la personne de Cheikh Anta Diop selon le dire du professeur Biyogo fondateur de l'Institut Cheikh Anta Diop (ICAD)[292]. Dans le corpus diopien, nous trouvons d'amples informations solidement argumentées et scientifiquement confirmées.

I- L'œuvre de Cheik Anta Diop

1-*Nations nègres et Culture*, Paris, Présence Africaine, 1954, 390 p., Rééd. 1964, 3e édit. 1979, avec une nouvelle préface de Diop, sous format poche, en 2 volumes, avec vol. 1 : 335 p., et vol. 2 : pp. 341 - 572. Puis en 1999, 2003, avec un volume, 564 p. Cette publication est la grande bravade de Cheikh Anta Diop, où le savant a pris l'Histoire à témoin et où celle-ci l'a absout, après le refus de la

---

[292] ATHEA KEHIAKEHI, *Etat de la recherche sur la bibliographie de Cheikh Anta Diop par le Professeur Biyogo*, in https : // fr fr.facebook.com/notes/ath%C3%A9a - kehiakehi/etat - de - la - recherche - sur - la - bibliographie - de - cheikh - anta - diop - par - le - professeur - /10150398752975793 (17 - 5 - 2013).

première thèse par le Jury de la Sorbonne au sujet de l'hypothèse de l'Égypte nègre et de l'antériorité historique des civilisations africaines, contrairement à l'idée alors dominante d'une Afrique sans Histoire ni philosophie.

2-*L'Unité culturelle de l'Afrique Noire*, avec un avant-propos de l'auteur, Paris, Présence Africaine, 1960, 203 p., Rééd. 1982 au format poche, 219 p. Cet ouvrage soutient l'hypothèse de l'unité culturelle de l'Afrique noire, et comporte une nouvelle introduction dans laquelle l'auteur salue la mémoire de Marcel Griaule qui venait alors de s'éteindre, et gratifie Gaston Bachelard qui lui a enseigné l'épistémologie. Le rapprochement est, en effet, grand entre les deux épistémologues : la réforme en vue de l'instauration d'un nouvel esprit scientifique sur fond de la rupture einsteinienne, la prépondérance de la physique (voire du physicalisme), le rectificationnisme barchelardien et diopien, l'ouverture vers les sciences de l'imagination et poétique chez l'un et vers les sciences cognitives chez l'autre, la théorie des trois cycles de la science (l'âge théologique/métaphysique/le nouvel esprit scientifique avec Bachelard /puis l'âge des aurores en Égypte, l'âge intermédiaire grec et européen, la réforme moderne entreprise par la relativité générale et restreinte de Einstein et par la physique des incertitudes de Heisenberg).

3-*L'Afrique Noire précoloniale. (Étude comparée de l'Antiquité à la formation des États modernes)*. Ceci est la publication du texte intégral de la thèse de Diop, Paris, Imprimerie Richard, 1959, 220 p. Rééd. Paris, Présence Africaine, 1960 (poche). Texte revu et corrigé, publié à titre posthume (sa mort survient le 6 février 1986), Paris, Présence Africaine, 1987, 278 p. Comme le précédent texte, Diop dédie ce livre à Gaston Bachelard, à André Leroi-Gourhan et à André Aymard.

4-Antériorité des civilisations nègres. Mythe ou vérité historique ? Paris, Présence Africaine, 1967, 299 p. 2e éd. 1993, 300 p. + 95 planches. Remarquable ouvrage comportant une contribution philosophique décisive, révélant la dette égyptienne des premiers penseurs grecs. Et démonstration patiente et épurée de l'antériorité historique de l'Afrique, à l'aune du foyer égypto-nubien.

5-*Les fondements culturels, techniques et industriels d'un futur État fédéral d'Afrique noire*, Paris, Présence Africaine, 1960, 114 p. 2e édition (revue et corrigée) sous le titre : *Les fondements économiques et culturels d'un État fédéral d'Afrique Noire*, 1974, 126 p. C'est le legs politique diopien au sujet de sa conception de l'État fédéral africain, par lui pensé sur fond de ses richesses énergétiques continentales.

6-*Le Laboratoire radiocarbone de l'IFAN*. Catalogues et Documents n° 21, Dakar, 1968, 110 p. Il s'agit du laboratoire dirigé par Cheikh Anta Diop à Dakar. Sa grande expérience au laboratoire de physique nucléaire chez les Cury (Prix Nobel français) l'y a largement précédé.

7-*Physique nucléaire et chronologie absolue*. Initiations et études africaines n° 31, Dakar, IFAN-NEA,

1974, 155 p. Diop capital dans lequel Diop inscrit la perspective physicaliste de son entreprise heuristique.

8-*L'Antiquité africaine par l'image*, Dakar-Abidjan, IFAN-NEA, Notes Africaines, n° 145-146, janvier-avril 1975, p. 1-68. 1975. Deuxième édition quadrilingue (français, anglais, pulaar, wolof), Paris, Présence Africaine, 1998, 159 p.

9-*Parenté génétique de l'égyptien pharaonique et des langues négro-africaines*, Dakar, IFAN - NEA, 1977, 402 p, ouvrage pour le moins audacieux où Diop, tirant argument des nouveaux développements de la théorie linguistique de son temps, développe pour la première fois *(après l'esquisse succincte du Révérend Père Trilles, sur l'unicité du fang et de l'ancien égyptien),* fait la démonstration de la parenté génétique de l'ancien égyptien et des langues négro-africaines (en intégrant les niveaux morphologique et syntaxique, de contenu et phonologique - paradigme crucial que poursuivra par la suite le linguiste, historien et égyptologue congolais Théophile Obenga).

10-*Civilisation ou Barbarie ? Anthropologie sans complaisance.* Paris, Présence Africaine, 1981, 526 p., 2e édit. 1988, 526 p., ce texte est dédié à Alioune Diop, le fondateur des éditions Présence Africaine. Il s'agit ici du dernier livre écrit du vivant du savant, livre le plus puissant de son œuvre, où il expose avec une rare clarté ses principales thèses, explore simultanément la physique, la biologie moléculaire et les découvertes les plus récentes en archéologie, non sans une contribution philosophique majeure qui part de la page 387 la fin de l'ouvrage.

11-*Nouvelles recherches sur l'égyptien ancien et les langues négro-africaines modernes* (Compléments à *Parenté génétique de l'égyptien pharaonique et des langues négro-africaines*) Paris, Présence Africaine, 1988, 221 p., texte posthume exhumé par les fils de Cheikh Anta Diop (le physicien M'backé Diop et le mathématicien Samory Diop), et principalement par Théophile Obenga, qui signe ici une préface où il relate l'histoire captivante de ce manuscrit inédit et en récapitule les questions majeures, et rend hommage au Maître.

12-*Alerte sous les Tropiques – Culture et Développement en Afrique noire* – Articles 1946-1960, Paris, Présence Africaine, 1990, 149 p. Second texte posthume, qui présente les œuvres de jeunesse, la formation scientifique du jeune Diop, sa carrière d'enseignant et de chercheur, et une biographie intellectuelle esquissée par Obenga, sous le titre de la « généalogie intellectuelle ». Le texte comporte entre autres des articles scientifiques décisifs, dont le premier texte historique relatif à la « Renaissance africaine ». L'éditeur y signe un Avant-propos, où il précise à juste titre que le jeune Diop anticipe largement sur les thèmes du Diop de la maturité.

13-*Philosophie, science et Religion*, Dakar, IFAN, Université Cheikh Anta Diop, 1992, 28 p, texte initialement prononcé au Colloque organisé par le Département de philosophie sur « Philosophie et Religion », et publié par la Revue sénégalaise de philosophie, n° 5-6, janvier-décembre 1984, p. 179-199.

C'est le grand texte épistémologique de Cheikh Anta Diop ainsi que son legs à la postérité au sujet de sa théorie des sciences et sa conception de la conjonction de la philosophie et de la science, par-delà tout cloisonnement. Autres publications de ce texte, *Philosophie, science et religion (texte : 1960-1986)*, 2007, 193 p. Puis plus récemment, *Philosophie, science et religion*, Avant-propos de Lylian Kesteloot, Dakar, IFAN, 2011. Enfin : Cheikh Anta Diop, *Philosophie, science et religion*, Michel Nkoh (élève de Diop), *Le Combat de Cheikh Anta Diop*, Paris, Alfabarre, 2011, 152 p.

14-Articles (1962-1977), Presses universitaires d'Afrique, IFAN, Silex, Nouvelles du Sud, Dakar

II- Le mythe fondateur du Bushi-Kabare

Voici notre traduction en mashi du mythe fondateur du royaume de Kabare, présenté par Munzihirwa[293] :

1. Erhi Kashiga-Kadorho bo na mukage Namuhôye bahika e Lwindi – barhengaga e mahanga-bàli badukula nka Baharàbu.

---

[293] MUNZIHIRWA C., *Pouvoir royal et idéologie. Rôle du mythe, des rites et des proverbes dans la monarchie précoloniale du royaume de Kabare (Zaïre)*, in *Journal des africaniste* 22 (2002) 227 - 261, in http://www.persee.fr/web/revues/home/prescript/article/jafr_0399-0346_2002_num_72_1_1297 (26 - 3 - 2014)

2. Erhi bahika, bacifulika e muzirhu, hofi n'ishwa lya Nnalwindi, âhingagamwo *obulo*.

3. Ngasi lusiku, bâkàgilya kuli obwo *bulo*.

4. Mwambali wa Nnalwindi abona oku *obulo* buli bwarhologolwa n'abarhamanyîkîni.

5. Banakaziyorha bashubirira ebyo, lero lusiku luguma Nnalwindi bo na mukage n'omwabali omuhingira balamukira mpu bajigwarha ecishambo.

6. Erhi bahika aha ishwa, barhimana bantu babiri badukula n'omurhwa.

7. Abo barhondera okudirhimana n'okuhûna obwonjo.

8. Mwambali wa Nnalwindi abwira nnawabo mpu arhayirhe abo bantu badukula ntyo.

9. Nnalwindi abababalira anabaheka emwage.

10. Kashiga-Kadorho aburhaga Nnaburhinyi, Nnaninja, Kabare, Kadusigombe na Nyibunga mwali wabo.

11. Ci kwone, Kashiga-Kadorho ayinjibana bo na mwali wa Nnalwindi. Lusiku luguma nnamuyere arherûka ababusi bage, acihà Kashiga-Kadorho. Lero baburha Mwacînda. Buzinda baburha abandi bana : Kalunzekami na Nnamûfà.

12. Muli abo bana boshi, Kashiga-Kadorho acishoga Kabare mpu ye mwana wanayîme, lero Kashiga-Kadorho anacifâ. Bamubisha e Lwindi.

13. Kabare arhenga e Lwindi boshi na nnina n'abalumuna.

14. Omu njira, erhi Nnamuhôye ahika oku ntondo z'e Burhinyi, ayereka abagala ecidekera c'e Bushi anababwira erhi: "era munda eba abantu b'omurhûla, mujeyo". Anacifâ n'abwo Kabare n'abalumuna bajirihiva.

15. Obwo Nnamûfà na Mwacînda babisha nnina, n'obwo obworhere buhanzize abana okudekereza nnina omu nshînda. Erhi Kabare n'ababo barheng'ihîva, balòngôza Nnamûfà na Mwacînda mpu carhumaga babisha nnina.

16. Erhi bahika aha Nyihemba (Rubîmbi), mwambali wabo ayîrha ensîmba. Bene Kasiga-Kadorho, erhi bagaba ensîmba bagaba n'emilala (bûko bwa ngasi baguma).

17. Abana baburhagwa na Nnamuhôye baba: Kabare, Nnaninja, Nnaburhinyi, Kadusigombe na mwali wabo Nyibunga. Bo basima okuyoca enyama, lero babaha erya *Banyamwoca*.

18. Abana baburhagwa na mwa Nnalwindi balya enyama mbishi. Okuba mirhubu kwarhuma babalòngôza: "Mwajizire mabi gabiri: burhanzi mwabishire nyâma mwamagal'ilya enyama

mbishi. Kurhenga ene, omwânya gwinyu kukola kukabisha abâmi kone n'okulânga ecûsho cabo lwo luvûmbu». Mwacînda yo nkomokà y'omulala gw'a*BanyaMubira*, Kalunzekami anacifà na Nnamûfà ashuba ishe w'a*Banjoga*. Ye waburhaga Nabwanda. Nabwanda ye bisha abâmi, Nyakajungulu yehe ye lânga oluvûmbu.

19. Kabare aj'iyubaka e Musûsù na Nnaburhinyi aja e Burhinyi. Nnanînja aja e Nînja.

20. Lusiku luguma, Bujwera ahâ Kabare engoko. Lubakà[294] ashiha eyo ngoko anayibalalana. Kabare ayikulikira kuhik'e Mwogo. Ho lubakà ayirhogîze erhi yafîre. Kabare ayûbaka aha Luvûmbu.

21. Lusiku luguma, Kabare abugâna bambali ba Naluniga babiri, omurhwa n'omushi, bali bacidudumira okubula obushinganyanya kwa nnawabo. Ababwira erhi: "Ow'ehyage ow'ehyage; omunyi chyage, n'omugale ehyage». Abo bashizi basima obwo bugula bwa Kabare. Ci kwone Kabare na Kadusigombe barhang'ishiga Naluniga. Lero lusiku luguma, Kabare ali aha bwami, Naluniga ahuluka mpu alola akantu kalebe. Kabare adamala oku ntebe y'obwâmi.

---

[294] Notons ici que Munzihirwa parle de lubakà (épervier), tandis que Nkoranyi mentionne « nyûnda » (aigle).

Engoma zahuluza zone na ntaye ozihumireko, lero olubaga lwakoma kagasha, mpu lwamabona mwâmi muhyahya. Erhi Naluniga agaluka ayemêra ebyabîre anashiga.

22. Obwo, abantu barhondera okuderha mpu: "Rhushîmbe (rhushige) aba balondana. Bagwerhe enkafu, bayish'ikarhuha amarha n'amahemba. Ntyo Kabare ahinduka mwâmi w'e Bushi, arhola izino lya Nnabushi, kwo kuderha nnawabo ecihugo coshi.

23. Naluniga ashuba mujînji, agwerhe ebikono, ye n'iburha lyage. Arhakahumwako, arhakana tumirhwa. Owamuhumako ibala lyanamugwarha. Kurhenga aho, omulala gwage gwo gubisha abâmi.

24. Kabare afâ, asiga Cifundagombe.

25. Cifundagombe arhegeka bwinja n'obugula. Erhi afâ Cihanga ayîma.

26. Erhi aba amayîma, ahêka mwîshe Kadusigombe e Rwanda.

27. Cihanga ayanka MwaKahago. Aburha Cirembebwa. Cirembebwa aburha Kasheze na Cabula.

28. Cabula aburha Nshuli-lujo.

29. Nshuli-lujo aburha Kagâku.

30. Kagâku aburha Ngabwè.

31. Ngabwè aburha Kabale-Kaganda.

32. Kabale-Kaganda aburha Mushimbe.

33. Mushimbe aburha Cigaba-Muhôye na Muhôye.

34. Muhôye aburha Kamomè.

35. Erhi Muhôye afâ, arhanacigwarha mwana, ci mukage Cinyere-Nankondo àli ndà.

36. Cigaba-Muhôye arhambula Obushi omu kulinda omukana mwâmi asigaga aburhe.

37. Erhi Cigaba-Muhôye abona oku Abahâya bali balinda okuburhwa kw'omwana, àlalira oku ayirha oyo mukazi oku arhaciburhà.

38. Lusiku luguma, nyamukazi aja nshâli e Nyamubandà erhi guciba muzirhu, amugwarhirayo, amubera endà, acikebwa mpu afîre, amusiga. Ci nyamukazi arhal'icirhengamwo omuka.

39. Obulà n'omwana bya dungadunga oku idaho.

40. Oku akola agwishire oku idaho, ayumva imihwalenga y'embasha omu muzirhu. Yali mbasha y'owakuba emirhi.

41. Ayakûza n'izu liri buhuba: "We mulume wakonda embala, oyishe nkubwire".

42. Oyo mulume erhi ye Nniganda akag'ikuba emirhi ayocamwo amakala bulya àli mutuzi.

43. Nniganda asômerwa okuyûmva ery'izù omu muzirhu.

44. Acikanyakanya k'irumè, aja ashegera emunda izù lyakag'irhenga.

45. Erhi ahika ho, arhimâna nyamukazi alambizize aha nshi, obulà n'omwana byadungadunga oku idaho.

46. Erhi nyamukazi amubona amudosa erhi: "We ndi ?"

47. Naye erhi: Nie Nniganda ».

48. Nyamukazi, erhi: "Yaga Nniganda, rhôla oyu mwana. Omubagalire. Omulere ; mwâmi w'Abahâya oyu. Nawe anacikulere ».

49. Nniganda arhungwa erhi kurhamanya kurhi abiheka kurhuma.

50. Lero alangira omukazi w'omurhwa ali akulula ebyula by'emitudu agend'ijiramwo emigozi.

51. Nniganda amukema mpu amurhabale.

52. Barhabalana, omwana bamukulula, aburhwa.

53. Ago go mango nnina arhenziragemwo omûka.

54. Olya murhwa-kazi aheka omwana emwage.

55. Oyo mwana bamuhà erya Kamomè (oyu barhulûlaga nnina).

56. Kurhenga ago mango, nk'omugoli ali ndà hofi kuburha, banalonze omurhwa-kazi amugwase.

57. Nniganda naye bulya ali mutuzi bamuha omukolo gw'okutula Walengera na Kanyundwè.

58. Kwo omukolo gwage gwarhangiraga ntyo.

59. Erhi bahisa omwana ekà, Niganda ahisa omwanzi oku barhambo b'e Buhâya.

60. Ababwira ebyagezire byoshi. Boshi bayakûza mpu: "Rhugwerhe mwâmi! Rhugwerhe mwâmi» !

61. Banacibwira Nniganda mpu: "Olibirhe duba, ozibe amazîko ofulike oyo mwana bulya Cigaba-Muhôye alalire okumuyirha kulya anayirhaga nnina. Ntaye wanyagaga oyo mwana akashambala kage, yene mwâmi ».

62. Erhi Cigaba-Muhôye, ayumva oku nyamukazi asizire omwana ocizîne, alibirhira emwa olya murhwa-kazi mpu aj'iyirha Kamomè.

63. Erhi nyamurhwa-kazi abona Cigaba-Muhôye ayahagire, ahira Kamomè hofi n'amasiga. Amubwikira ebyûla by'emimbarhi agal'imubagalira akola wa mwera mwera nka wage.

64. Erhi Cigaba-Muhôye abona ehyana hizìnzire nka hya murhwa, arhacishîbiriraga agaluka acikebwa mpu bamurhebire.

65. Bashub'ibwira Cigaba-Muhôye mpu: "K'orhamanyiri oku bàyakîze Kamomè e Lwege"?

66. Ashuza, erhi: "Muleke njeyo ndabe". Anacilibirhira eyo munda.

67. Erhi Nnalwege ayûmva oku Cigaba-Muhôye ayîruka, afulika Kamomè oku cirhala.

68. Oku Cigaba-Muhôye anahika ntya, arhondera ashaka Kamomè. Ntaho arhafundaga olunu.

69. Erhi ayunama idako ly'ecirhala, Kamomè ayoboha ashubala. Cigaba-Muhôye abona nka mishi garhonya.

70. Nnalwege amurhangira amubwira, erhi: "Okuli, waliha oli muny'iragi. K'orhishi oku eno munda e Lwege, enshuha zeno zinakarhoza ogwo mulenge zikayegerwa n'omuntu w'iragi omu kalamo kage »?

71. Cigaba-Muhôye ashubira emwage obwo.

72. Abahâya bashub'irhôla Kamomè bashub'imufulika emwa Abarhwa.

73. Bashub'ibwira Cigaba-Muhôye, mpu: "kandi Kamomè ali emw' Abarhwa ». Alibirha mpu aj'imurhôla.

74. Ahika amango gakwanine, erhi Kamomè ali haguma n'abana barhwa baherhe bashaka embeba omu burheme. Oku bali basharha, Cigaba-Muhôye arhondera okuj'alengereza abana oku mvîri muguma muguma.

75. Erhi Cigaba-Muhôye ayegera hali Kamomè, amubona ashurha embeba akarhi. Ayirhôla ayilikira ekanwa akola ayinunugurha omwamba.

76. Erhi Cigaba-Muhôye abona ntyo, aderha emurhima, erhi: "Ntacirhamya nayegera hira, arhali w'oku bûko bwirhu ola; akwanine abe mwana wa murhwa ». Ashubira e mwage.

77. Oku bundi Abahâya babwira Cigaba-Muhôye mpu: "Waliha, rhwayabirwe, oguke orhenge hano oj'iyubaka e Murhonda (Ludeka)".

78. Erhi ayubaka eyo, Abahâya baj'ilonza Kamomè, bamulerha e Cirhwabaluzi (Kalulu).

79. Bashub'ibwira Cigaba-Muhôye mpu: "Olâze Kalyamahugo omu nguli, ohiremo n'enyama rhurherekêre enâma.

80. Erhi obudufu bukula, bakûla erya ngoma (Kalyamahugo) n'erya nyama mpu babirhûle, bajishigamwo Kamomè wali e Cirhwabaluzi.

81. Erhi Cigaba-Muhôye ayûmva engoma ehubuliza, ageramwo omusisi. Abugana akola ali yene boshi n'omurhwa wage Mako.

82. Erhi Abahâya baba bamayîmika; babona oku babuzire empembe. Bacidôsa mpu: "Ndi warhuhisakwo eco cirugu wani ?"

83. Nnembule abashuza; erhi: "Empembe, rhwayihisa".

84. Boshi bashuza mpu: "Okarhulerherayo, erhi we ntwali ntanzi omu bashi ba mwâmi".

85. Nnembule aharhulira emwa Cigaba-Muhôye. Erhi ahika abwira Cigaba-Muhôye, erhi: "Yagirwa, woyu wasigirage wene, Abahâya bacihindwire, kurhigi wajira ?

86. Cigaba-Muhôye amushuza erhi: "Ntamanyiri wani, cikwone, mbwiraga kurhi nkwanine njire". « Buzira kurhindira, gwarhi Cigaba-Muhôye. Hano omushekera guhubuliza, abantu bashagamuka, lyo rhwalola kurhi rhwajira ».

87. Nnembule arhôla empembe ayibûha bwenene kwarhuma izu lyahika e Cirhwabaluzi. Bulya Cigaba-Muhôye âli alangalire Nnembule amwishingira. Lero Nnembule anyonyokana erya mpembe ashubira emwa Abahâya.

88. Erhi Cigaba-Muhôye abona oku Nnembule anamurhebire, ayaka ho naho, bo na mukage n'omurhwa wage.

89. Ci erhi ahika aha Marheme, akayûla. Abwira omurhwa wage mpu asinge omuliro.

90. Nyamurhwa arhôla obusingo. Mpu asinga, n'amaboko gakaywire, embolo yamuyabiza, arhahashaga okushigisha.

91. Erhi nnawabo abona oku nyamurhwa amayabirwa, ayômola engorho yage amuyirha, erhi: "Orhashizirwi erhi arhanashizirwi".

92. Ishûngwe lya Cigaba-Muhôye lyarhogera oku idaho.

93. Erhi kugera nsiku nka zinga, Abazibaziba bageraga aha Marheme barhôla lirya ishûngwe balihekera mwâmi Kamomè.

94. Erhi Maku aba amafù, Cigaba-Muhôye bo na mukage babirindikanya, baja e Bigega (Bisunzu) yo banaherire.

95. Kamomè arhenga aha Cirhwabaluzi aj'iyûbaka e Luvûmbu. Yo afirire anasiga omwîmo ye Mushema.

96. Erhi Mushema ayîma ajira Mwishi-Kabungu mufumu wage.

97. Mwene Mwishi-Kabungu erhi akômera aha bwami. Lero budufu buguma olya mwana arhenga aha Bwâmi mpu ajihûna ebiryo emwabo. Al'ifumbasire itumu.

98. Omu njira, abugana omugashano. Agulekera lirya itumu anaguyirha.

99. Erhi buca, abagezi babona gulya mugashano, n'itumu lya mwâmi aha burhambi. Baderha mpu: "Rhwabwine mwene Mwishi-Kabungu afumbirhe eri itumu. Ye wayisire omugashano. Naye akwanine afe bulya omugashano aba muluzi orhakayirhirhwa hofi n'obwami.

100. Ogwo musole gwalegwa bwenene kuhika mwâmi alinda ayemera oku nyamusole ayirhwe.

101. Erhi Mwishi-Kabungu amanya oku omugala anafire, alalira oku acihôla. Ago mango erhi Abalumbu bali e Nnînja. Ajayo, aja irhigi nabò mpu banige mwâmi Mushema.

102. Abakomêrheza, erhi: "Hano rhuhika hofi n'olubanda lwa Mukaya, mucifulike omu cishushu. Niehe nayish'ilerha mwâmi Mushema ayish'iyôga. Hano akola ali omu mîshi, hofi ninyu, mushagamuke mumugwiririze.

103. Mwishi-Kabungu agenda anabwira Abahâya, erhi: "Irhondo sezi, rhuheke mwâmi e Maziba rhuj'imushukula. Rhuheke n'omugala Cirembebwa. Ci rhurhahekaga byoji ».

104. Erhi bahika e Maziba, Mwishi-Kabunga aja omu lwishi bo na mwâmi. Abalisigire elwimana, bakarhîmba engoma.

105. Erhi Abalumbu bayûmva engoma zalaka, bashagamuka, bagwiririza Mushema, bamutwa irhwe banalihêka.

106. Bambali ba Mushema bayâka. Abashombanyi balonza bagwârhe na Cirembebwa mpu bamunige. Larhi wani abalusha magulu bulya aciri musole.

107. Abona oku ahika aha Makoma (Cinyamuzigi). Obwo Cigwira w'e Mulenge amuheba omu bwârho anamuyikiriza oku Ishungu.

108. Erhi Abalumbu babona barhamuhisirikwo, baderha mpu: "Ako kabâle (bwârho) kawe kakucizize".

109. Kurhenga aho, izîno lya Kabâle (Kabare) lyamunanîra lwôshi. Erhi ahika oku Ishungu, arhaberagako kasanzi, ayikirira e Rwanda n'erhi agaluka ashubira oku Ishugu.

110. Hagera myaka ibiri. Ecizômbo cazûka e Buhâya. Walire arhenga e Buhâya aja oku Ishungu erhi adwirhe enyîbo aj'ishundamwo.

111. Erhi ahika, ashimânayo Kabare. Erhi agaluka, ashambalira nnina wa Kabare, ye Naciboha-Mpana, oku omugala aba oku Ishungu.

112. Ago mango, erhi mwâmi w'e Rwanda anyazire ecihîmbi c'Irhambi n'ecihîmbi c'e Buhâya kuhika oku lwishi lwa Murhundu. Ecindi cihîmbi c'Obuhâya cali omu maboko ga Luba-Cilumba (Munyambiriri); ye waliyîmire mulico.

113. Erhi Abalumbu baba bamagenda, Lukara, mwâmi ntwali w'Ahavu, alalira okurhêra obwâmi bw'e Rwanda. Ali erhi akola arhambula Ijwi ly'ifò. Yo arhonderire entabala y'okuja e Cinyaga.

114. Ago mango, oku lwa mwâmi Ndahiro, Olwanda lwali nka luhehîre. Lukara arhahumaga engabo za Ndahiro mashigisha abiri. Abalya ishwa lirhali linyi. Ci aye ! Afira eyo Rwanda. Olufu lwa murhibukira. Ruganzu, mwene Ndahiro yali ntwali kulusha ishe. Akangalika Abahavu abaseza okushubira e Bushi.

115. Ci ogwo murhûla gwajamwo akashaba g'ebirha ekarhi k'Abahâya n'Abahavu. Oku buhabuzi bwa Lukara, mwene Bihako, Abahavu batundirika Abahâya olunda lw'ifò banagwarha ntondo nyinji kurhaluka aha Murhundu.

116. Erhi hagera myaka minji y'akadugundu, Abahâya bahûna oku mwene Mushema agaluke. Ago mango erhi akola aba e Kaziba anali amayanka Namponda-Majiri, mwali Najiri mwâmi w'e Kaziba.

117. Nyakalege ye wali Mushamuka mukulu omu Buhâya, alalika ababo omu ihano mpu bagalule Kabare ekà banamuyimike mwâmi.

118. Obwo Kabare agaluka anayûbaka aha Luvûmbu. Ye wasingaga irhegeko n'entondekanye z'okuyîmika n'okuhâna akashambala. Abusire bagala basharhu: Nabuhanga, Kagweshe na Kamahaha. Abagala bamurhabala, agalihya ishwa lyage lunda lw'enyanya.

119. Kamahaha ayima omu b'ishe. Aburha Kaciko-Kabuye na Batahakana. Ago mango Kamahaha na Kagweshe balwa. Eyo ntambala yabo yo yarhumire buzinda obwâmi buberwamwo bigabi bibiri (Kabare na Ngweshe). Kamahaha anacifâ, abishwa e Luvûmbu.

120. Batahakana ayîma omu b'ishe. Erhi kugera myaka misungunu ayîmire, afâ, Mwerwe ayîma omu byage.

Bibliographie

Ouvrages

ANSARD, P., *Idéologie, conflits et pouvoir*, PUF, Paris 1977.

ASSMANN J., *Le prix du monothéisme*, Aubier Paris, 2007.

ASSMANN J., *Moses the Egyptian: The Memory of Egypt in Western Monotheism*. Cambridge, Mass., Harvard University Press, 1997.

BITA LIHUN A., *Missions catholiques et protestantes face au colonialisme et aux aspirations du peuple autochtone à l'autonomie et à l'indépendance politique au Congo Belge*, Roma, 2013.

BONS E. – LEGRÂND T., *Le monothéisme biblique. Évolutions, contextes et perspectives* (LD 244), Cerf, Paris, 2011.

BUDGE E. A. W., *The Egyptians Book of the Dead*, New York : Dover Publications, 1967.

BUJO B., *Introduction à la théologie africaine*, Academic Press Fribourg, Fribourg, 2008.

BUJO B.- MUYA J., *Théologie africaine au XXIe siècle. Quelques figures,* Vol. II, Academic Press, Fribourg, 2005.

CESAIRE A., *Discours sur le colonialisme (1950),* Présence africaine, Paris, 1955.

CHEIK ANTA DIOP, *Alerte sous les Tropiques – Culture et Développement en Afrique noire – Articles 1946-1960,* Présence Africaine, Paris, 1988.

CHEIK ANTA DIOP, *Antériorité des civilisations nègres, mythe ou vérité historique* ? Présence Africaine, Paris, 1967, 1993.

CHEIK ANTA DIOP, *Civilisation ou Barbarie,* Présence Africaine, Paris, 1981, 1988.

CHEIK ANTA DIOP, *L'Afrique noire précoloniale,* Présence Africaine, Paris, 1960, 1987.

CHEIK ANTA DIOP, *L'Antiquité africaine par l'image,* IFAN - NEA, Notes Africaines, n° 145 - 146, Dakar - Abidjan, janvier - avril 1975. Deuxième édition quadrilingue français, anglais, pulaar, wolof, Paris, Présence Africaine, 1998.

CHEIK ANTA DIOP, *Le laboratoire du radiocarbone de l'IFAN,* Catalogues et Documents n° 21, IFAN, Dakar, 1968.

Cheik Anta Diop, *Les fondements culturels, techniques et industriels d'un futur État fédéral d'Afrique noire*, Présence Africaine, Paris, 1960. Réédition sous le titre : *Les fondements économiques et culturels d'un État fédéral d'Afrique noire*, 1974.

Cheik Anta Diop, *L'Unité culturelle de l'Afrique noire*, Présence Africaine, Paris, 1959, 1982.

Cheik Anta Diop, *Nations nègres et Culture*, Présence Africaine, Paris, 1954, 1964, 1979.

Cheik Anta Diop, *Nouvelles recherches sur l'égyptien ancien et les langues négro-africaines modernes*, Présence Africaine, Paris, 1988.

Cheik Anta Diop, *Parenté génétique de l'égyptien pharaonique et des langues négro-africaines*, IFAN - NEA, Dakar, 1977.

Cheik Anta Diop, *Physique nucléaire et chronologie absolue*, Initiations et études africaines n° XXXI, Université de Dakar, IFAN, NEA - IFAN, Dakar, 1974.

Cheikh Anta Diop, *Antériorité des civilisations nègres - mythe ou vérité historique ?* Présence Africaine, Paris, 1954.

Dal Corso M., *Religioni tradizionali. L'Africa e l'America Latina*, EMMI, Bologna, 2013.

DANCHERS P. (dir.), *La traite négrière, l'esclavage et leurs abolitions : mémoire et histoire*, Actes du Séminaire national organisé à Paris le 10 mai 2006, Versailles, 2007.

DE GOBINEAU A., *Essai sur l'inégalité des races humaines*, Paris, 1885.

DEMART S., *Les Territoires de la délivrance. Mises en perspectives historique et plurilocalisée du réveil congolais* (Bruxelles, Kinshasa, Paris, Toulouse), thèse à UCL, Bruxelles, 2010.

DUBARLE A - M., *La manifestation naturelle de Dieu dans la Bible (*LD 91), Cerf, Paris 1976.

ÉMERY G. et GISEL P. (édit.), *Le Christianisme est-il monothéisme* ? (Lieux théologiques 36), Labor et Fides, Genève, 2001.

FAUVELLE F. - X. - AYMAR et alii, *Afrocentrisme. L'histoire des Africains entre Égypte et Amérique*, Karthala, Paris, 2000.

GADALLA M., *Comprendre la religion égyptienne*, Paris : Jean - Cyrille Godefroy, 2002.

GARDINER A., *Egyptian Grammar*, Oxford: Griffith Institute, Ashmolean Museum, 2001

GRAVES G. - PATAI R., *Les mythes hébreux*, édit. Fayard, Paris 1987.

GEHMAN R. J., *African Traditional Religion in Biblical Perspective*, Kijabe : Kesho Publications, 1989.

HEGEL G.W.F., *Leçons sur la philosophie de l'histoire*, Traduction de J. GIBELIN VRIN, Bibliothèque des Textes philosophiques, Paris, 1979.

HEIDEGGER M., *Chemins qui ne mènent nulle part,* trad. W. Brokmeier, Gallimard, Paris, 1962.

HEINEIN N. A., *Le Monachisme révélateur de l'âme copte*, Thèse pour le doctorat en lettres et sciences humaines, Université de Limoges, Limoges, 2008 PDF.

HERVIEUX G., *L'ivresse de Noé. Histoire d'une malédiction*, Perrin, Paris, 2011.

KABASELE M. A., *La Parole S'est faite Chair et Sang, Lectures de la Bible dans une société en crise*, Médiaspaul, Kinshasa, 2003.

KABASELE MUKENGE A. (Édit), *L'Eucharistie dans l'Église - Famille en Afrique à l'aube du troisième millénaire* : Actes de la 22e semaine théologique de Kinshasa, du 28 au 31 mars 2001.

JACQUARD A., *Le Souci des Pauvres*, édit. Flammarion, Paris 1996.

JEUSSET G., *Saint François et le Sultan* (Spiritualités vivantes), édit. Albin Michel, Paris, 2006.

KABAZANE ORHACIYUMYA J. B - LUDUNGE MIRHIMANYO D., *Nyamuzinda e Bushi. Omurhondero g'okuyalagazibwa kw'Emyanzi y'Akalembe*, coll. Culture et christianisme, Bukavu, 2007.

KABONGO - MBAYA P., *L'Église du Christ au Zaïre*, Karthala, Paris, 1992.

KAGARAGU NTABAZA A., *Emigani bali bantu. Proverbes et Maximes des Bashi*, Libreza, Bukavu, 1984.

KAGARAGU NTABAZA A., *Emigani bali bantu. Proverbes et maximes des Bashi*, 3e édition, Libreza Bukavu, 1963.

KANT E., *Essai sur les maladies de la tête, Observation sur le sentiment du beau et du sublime*, Flammarion, Paris, 1990.

LALOUETTE C., *Contes et récits de l'Égypte ancienne*, Flammarion, 1995.

Le Monothéisme biblique. Évolution, contextes et perspectives (LD 244), sous la direction d'Eberhard et Thierry Legrand, Cerf, Paris, 2011.

LEACH, E., *Le système politique des sociétés birmanes*, Paris, Maspero, Paris 1972.

LEMAIRE A., *La nascita del monoteismo. Il punto di vista di un storico*, (Studi biblici 145), Paidea, Brescia, 2005.

LEMAIRE A., *Naissance du monothéisme. Point de vue d'un historien*, Bayard, Paris, 2003.

LUSALA LU NE NKUKA L., *De l'origine kamite des civilisations africaines. Lecture afrocentrique des quelques récits,* Éditions Menaibuc, Paris, 2008.

MASSON P., *Père de nos pères*, Roma : Editrice Pontificia Università Gregoriana, 1988.

MOLEFI KETE ASANTE, *Kemet, Afrocentricity and Knowledge*, Africa World Press, Trenton, NJ, 1990.

MULAGO. V., *La religion traditionnelle des Bantu et leur vision du monde*, PUZ, Kinshasa, 1973.

MVENG E., *L'Afrique dans l'Église*, l'Harmattan, Paris, 1985.

NDAYWEL E NZIEM I., *Histoire du Zaïre*, Duculot, Louvain, 1997.

NEUSNER J., *Ebrei e Cristiani. Il mito di una tradizione comune* (Guida alla Bibbia), Ediziono San Paolo, 2009.

OBENGA T., *Cheikh Anta Diop, Volney et le Sphinx. Contribution de Cheikh Anta Diop à l'historiographie mondiale,* Présence Africaine, Paris, 1996.

OBENGA T., *Origine commune de l'égyptien ancien, du copte et des langues négro-africaines modernes*, l'Harmattan, Paris, 1993.

OSONGO-LUKADI A.D., *Heidegger et l'Afrique, Réception et paradoxe d'un 'dialogue' monologique*, Bruylant-Académie, Louvain-La-Neuve, 2001.

TECHOU, *L'être-là africain et inculturation : essai d'une relecture théologique de Martin Heidegger pour l'Afrique*, Mémoire de Baccalauréat en théologie, Grand Séminaire Mgr Louis Parisot, Bénin, 2010.

POUCOUTA P., *Apprendre à lire le livre de Daniel*, Médiaspaul, Kinshasa, 2003.

POUCOUTA P., *Du Neuf et de l'Ancien. L'évangile de Matthieu en dix étapes*, Presses de l'UCAC, Yaoundé, 2004.

POUCOUTA P., *La Bible en terres d'Afrique. Quelle est la fécondité de la parole de Dieu ?* Paris, Éditions de l'Atelier/Éditions Ouvrières, 1999.

POUCOUTA P., *La dynamique missionnaire de l'Apocalypse*, Cerf, Paris, 1991.

POUCOUTA P., *La mission à tous vents. Le livre de Jonas*, Épiphanie, Kinshasa, 1997.

POUCOUTA P., *La mission au quotidien. Les épîtres de Pierre,* Épiphanie, Kinshasa, 2000.

POUCOUTA P., *La mission dans les Lettres de Jean*, Épiphanie, Kinshasa, 2002.

POUCOUTA P., *Lettres aux Églises d'Afrique. Apocalypse 1 - 3,* Karthala / PUCAC, Paris/Yaoundé 1997.

POUCOUTA P., *Missionnaires de la paix. La paix dans la Bible*, Épiphanie, Kinshasa, 1998.

POUCOUTA P., *Paul, notre ancêtre. Introduction au corpus paulinien*, Presses de l'UCAC, Yaoundé, 2001.

POUCOUTA P., *L'Église dans la Tourmente*, Épiphanie, Kinshasa, 1996.

POUCOUTA P., *La Perspective Missionnaire de l'Apocalypse Johannique*, Thèse conjointe, Institut Catholique de Paris/Paris IV Sorbonne, février 1987.

POUCOUTA P., *Le salut dans les mouvements prophétiques africains : kimbanguisme et lassysme*, Mémoire de Maîtrise, Institut Catholique de Paris, 1983.

POUCOUTA P., *Lectures africaines de la Bible*, Presses de l'UCAC, Yaoundé, 2002.

POUCOUTA P., *Les Exigences de la mission. L'aventure prophétique d'Ézéchiel,* Épiphanie Kinshasa, 1997.

POUCOUTA P., *Sous le souffle de l'Esprit. La mission dans les Actes des Apôtres*, Épiphanie Kinshasa, 2003.

RÂHNER, K., *Traité fondamental de la foi. Introduction au concept du christianisme*, Centurion, Paris, 1983.

SALVAING B., *Les Missionnaires à la rencontre de l'Afrique au XIX siècle. Côte des esclaves et pays yoruba*, Harmattan, Paris 1994.

SAND S., *Comment le peuple juif fut inventé. De la Bible au sionisme*, PDF. Fayard, Paris, 2008.

SCHMIDT N., « Les abolitions de l'esclavage : quelques repères, questions et perspectives », intervention dans le cadre du Colloque national *La Traite négrière, l'Esclavage et leurs Abolitions, Mémoire et Histoire, séminaire national*, 10 mai 2006, Direction générale de l'Enseignement scolaire, Bureau de la Formation Continue des enseignants, Programme de pilotage. Publication des Actes du colloque en 2007, ministère de l'Éducation nationale.

SCHMIDT N., *Abolitionnistes de l'esclavage et réformateurs des colonies*, 1820-1851. Analyse et documents, Éditions Karthala, Paris, 2000.

SENGHOR L. S., Liberté 1 : *Négritude et Humanisme, discours, conférences*, Le Seuil, Paris, 1964.

STENGERS J., *Congo, mythes et réalités, 100 ans d'histoire*, eBook, Duculot, Paris, 1989.

TALBOT P.A., *Peoples of Southern Nigeria. II. Ethnology*, Oxford University Press, London, 1926.

TEILHARD DE CHARDIN J. (édit), *La Guinée supérieure et ses missions*, eBook, Keer-Lez-Maastricht, 1888.

TEMPELS P., *La philosophie bantoue*, Lovania, Elisabethville, 1945.

TEMPELS, P., *Notre rencontre*, Centre d'Études Pastorales, Léopoldville, 1962.

THOMPSON R. F., *L'éclair primordial*, Paris : Éditions caribéennes, 1985.

VOLTAIRE, *Essaie sur les mœurs*, t. XVI, Genève, 1756.

WEBSTER, H., *la Magie dans les sociétés primitives*, Payot, Paris, 1952.

ZWILLING A. L., *Frères et Sœurs dans la Bible. Les relations fraternelles mises en récits dans l'Ancien et le Nouveau Testament* (LD 238), Cerf, Paris, 2011.

Articles

ASSMANN J., *Le traumatisme monothéiste, Le monde de la Bible* 124 (2000) 29-34.

ATHEA KEHIAKEHI , *État de la recherche sur la bibliographie de Cheikh Anta Diop par le*

Professeur Biyogo, jeudi 1er décembre 2011, in https://fr fr.facebook.com/notes/ath%C3%A9a-kehiakehi/etat-de-la-recherche-sur-la-bibliographie-de-cheikh-anta-diop-par-le-professeur-/10150398752975793 (17- 5 - 2013).

BENDERITTER T, *Akhenaton et la religion d'Aton*, in http://www.osirisnet.net/docu/akhenat/akhen3.htm (03 - 01 - 2015).

BUJO B., *Nos ancêtres ces saints inconnus*, in *BTA* 1 (1976)165 - 178.

CASTILLA Cortázar, B*., La nombres de la familia a imagen de la Trinidad*, dans *EsTr* 38 (2003), p. 521 - 536.

CONFÉRENCE ÉPISCOPALE DU CONGO, *Nouvelle Évangélisation*, n° 20 ; *MSA*, n° 24 - 25.

DE CASTELBAJAC I., « André Lemaire, *Naissance du monothéisme. Point de vue d'un historien* », *Labyrinthe*, 18 (2004) 33 - 36, in http://labyrinthe.revues.org/210 (consulté le 18 octobre 2012) ; Sur les modalités de la révélation dans la Bible, cf.

DI SALVATORE G., *Pour lire La Philosophie bantoue du P. Tempels/2 : L'audace d'un missionnaire belge,* in *Communauté Redemptoris hominis*, 24 juin 2013, in http://fr.missionerh.com/index.php?option=com_content&task=view&id=4690&Itemid=40 (17 - 03 - 2014).

DORTIER J. F., *le Pape et les Pygmées. À la recherche de la religion première*, mise à jour 11 - 05 2012, in http://www.scienceshumaines.com/le-pape-et-les-pygmees-a-la-recherche-de-la-religion-premiere_fr_15091.html (14/03/2013)

DUMONT S. B., *Le thème chamite dans les sources rabbiniques du Proche-Orient, du début de l'ère chrétienne au XIIIe siècle*, in *Ethiopiques*, vol. III, n° 1 - 2 ; 40-41 (1985), in http://ethiopiques.refer.sn/spip.php ? article 989 (19 - 08 - 2014).

EDEM KODJO, *Lettre ouverte à l'Afrique centenaire*, Éditions Gallimard. Paris 2010. Note de l'éditeur, in http://www.gallimard.fr/Catalogue/GALLIMARD/Continents-noirs/Lettre-ouverte-a-l-Afrique-cinquantenaire (28 - 05 - 2013).

François, Yves, Lucie et les autres, in http://fraternite-ofs-sherb.eklablog.com/rome-francois-yves-lucie-et-les-autres-e-e-a113009084 (29 - 10 - 2014) ; *le Pape : l'évolution de la nature ne contredit pas la création*, in http://fr.radiovaticana.va/news/2014/10/27/le_pape_lévolution_de_la_nature_ne_contredit_pas_la_création/1109525 (29 - 10 - 2014).

GANTIN B., *Valori universali delle religioni africani*, in *Nuova Umanità* XVIII (1996), Roma, p. 593 - 594.

GANTIN, B. (Card.), *Il primato della vita oltre ogni condizione umana, particularmente in Africa*, dans *Dolentum Hominium* 31, Année 11, n° 1 (1996), p. 182.

GUILLAUME HERVIEUX, *L'ivresse de Noé. Histoire d'une malédiction*, Perrin, Paris, 2011, cité dans http://www.lemondedesreligions.fr/culture/l-ivresse-de-noe-histoire-d-une-malediction-16-05-2011-1513_112.php (27-03-2014).

HEGEL G.W.F., *La Raison dans l'Histoire : L'Afrique*, in *Le Monde diplomatique*, 2007, in http://www.monde diplomatique.fr/2007/11/HEGEL/15275 (16- 03 - 2014).

HOLL A., *Afrique. Préhistoire*, in www.Universalis.fr.encyclopedie/afrique-préhistoire (16-5-213).

HOLL A., *Afrique. Préhistoire*, in http://www.universalis.fr/encyclopedie/afrique-histoire-prehistoire/6-urbanisation-et-emergence-des-societes-complexes/ (13 - 10 -2014)

KABASELE F., *Les cultures africaines et le christianisme : peuvent-elles s'enrichir mutuellement ? Si oui, à quelles conditions*, in *Sedos bulletin* vol 32/7 (2000) 2006 - 2011.

KIATEZUA L. L., *L'Afrique est-elle animiste ?* in http://animiques.wordpress.com/lafrique-est-elle-animiste/ (15 - 4 - 2012).

Kiatezua L. L, *Monothéisme négro-africain*, in https://animiques.wordpress.com/le-monotheisme-negro-africain/ (24 - 11 - 2014).

Körner, B., *La gnoseologia teologica alla luce di una ontologia*, dans *Abitando la Trinità*, p. 79-93, p. 80-82, cité par MUZUMANGA Ma-Mumbimbi, *Trinité lumière des Religions*, in http://etudesafricainesdelatrinite.blogspot.com.tr/2009/05/trinite-lumiere-des-religions.html (28 - 03 - 2014).

Koum Dim E., *La Philosophie en Afrique* in http://www.academia.edu/5007198/ (16 - 03 - 2014).

L'origine du Monothéisme chez les Hébreux est un mythe, in http://www.africamaat.com (19 – 5 - 2012),

in http://scorpiondu75.skyrock.com/1812175722-L-origine-du-Monotheisme-chez-les-Hebreux-est-un-mythe.html (16 - 5 - 2013).

Les Franciscains du Quebec, *François d'Assise e la rencontre avec le sultan*, in http://www.franciscain.org/pages/rencontre_avec_le_sultan.html (27- 11 - 2013).

Levieils X., *Identité juive et Foi chrétienne : la place de l'étranger dans le peuple de Dieu (I-IVe siècle)*, in Jean Riaud (édit.), *L'étranger dans la Bible et ses lectures* (LD 213), Cerf, Pais, 2007, p 205 - 245.

Libotte O., *L'Histoire du Congo Belge vue par les coloniaux. Les pénétrations étrangères*, URONE, 2002, in http://www.urome.be/pdf/fpene.pdf, p. 1-2 (05 - 12 - 2013).

Lubanzadio L. L., *L'Afrique est-elle animiste ?* in http://animiques.wordpress.com/lafrique-est-elle-animiste/ (15 - 4 - 2012).

Lusala Lu Ne Nkuka L., *Les traces de Dieu dans les cultures. La Tradition africaine*, in http://www.congonova.org/revue/index.php ?option=com_content&view=article (16 - 4 - 2012).

Mbiti J., *Oltre la magia*, Sei, 1992.

Mihou, *Moise retrouvé*, in http://vuesdumonde.forumactif.com/t3401-moise-retrouve (07 - 10 - 2014).

Mulago V., « Éléments fondamentaux de la religion africaine », in *Religions Africaines et Christianisme*, Vol I, n° 17, p. 45 - 49.

Munk E. *La voix de la Tora*, Tome I, Gn 9, 26 et 27, p. 104-105, in. http://www.massorti.com/Face-au-rascisme#nb2 (19 - 08 - 2014)

Munzihirwa C., *Mécanismes culturels de la domination*, in *Spritus* 79 (1980) 168 - 174.

Munzihirwa C., *Pouvoir royal et idéologie. Rôle du mythe, des rites et des proverbes dans la monarchie précoloniale du royaume de Kabare (Zaïre)*, in Journal des africanistes 22 (2002) 227 - 261, http://www.persee.fr/web/revues/home/prescript/article/jafr_03990346_2002_num_72_1_1297 (26 - 3 - 2014).

Muzumanga Ma Mumbimbi F., *Trinité lumière des Religions traditionnelles africaines. De la pluralité à l'unité de la Religion africaine*, in http://etudesafricainesdelatrinite.blogspot.com.tr/2009/05/trinite-lumiere-des-religions.html (28 - 03 - 2014).

MUZUMANGA Ma-Mumbimbi, F., *Eschatologie chrétienne. Analyse dogmatique de la musique congolaise*, dans *RÂSM* 10-11 (1999), p. 154 - 192, in http://etudesafricainesdelatrinite.blogspot.com.tr/2009/05/trinite-lumiere-des-religions.html (28 - 03 - 2014).

Ngoie Ngalla D., *Une histoire et un passé d'apocalypse, civilisation figée, la place et la chance de l'Afrique dans la mondialisation*, in http://reflexions-actuelles-dnn.blogspot.it/ (25 – 6 - 2012).

NGOY KATAWHA, *A la recherche des fondements théologiques du concept « Église de Dieu »*, dans *RÂT* 26, 51 (2002), p. 65 - 70.

NILLON P., *Ceci est la véritable bible de Moise*, cité in http://vuesdumonde.forumactif.com/t3402-ceci-est-la-veritable-bible-de-moise-akhenaton (4 - 5 - 2013) ; http://kamitik.com/vrai-bible.htm (4 - 5 - 2013)

NKEMNKIA M. N., *Il Divino nella religione tradizionale africana, un approccio comparativo ed ermeneutico*, Città Nuova, Roma 2011.

NZINZI P., « L'antériorité des civilisations nègres face au déclassement historique », in *Exchoresis* (Revue Philosophique de l'Université Omar Bongo. Libreville) n° 3 vol. 3 (2005)10 - 11.

NZINZI P., « L'antériorité des civilisations nègres motif de fierté ou d'orgueil », in *Quest* 13 (1999)129 - 144, PDF.

OBENGA T., « La rupture épistémologique de Cheikh Anta Diop », PDF. p. 36, in http://ciid.politicas.unam.mx/estudios_africanos/swf/02rupture.swf (16 - 5 - 2013).

PAPE FRANÇOIS, « Message du Pape François pour la célébration de la XLVIIIe journée internationale de la paix », in http://w2.vatican.va/content/francesco/fr/messages/peace/documents/papafrancesco_20141208_messaggio-xlviii-giornata-mondiale-pace-2015.html (28 - 12 - 2014), Copyright Libreria Editrice Vaticana, Roma.

POUCOUTA P., « La formation théologique en Afrique », dans *Questions actuelles*, Paris, Bayard Presse, mars-avril 2003, p. 24 - 29.

POUCOUTA P., « Les images sont-elles des idoles ? » dans *Mille et une questions sur la Bible*, n°7, mars-avril 2003, Kinshasa, Médiaspaul, p. 1-3.

POUCOUTA P., *L'Apocalypse johannique*, dans *La Bible et sa culture. Jésus et le Nouveau Testament (*sous la direction de M. Quesnel et P. Gruson), Paris, Desclée de Brouwer, 2000, p. 455 - 469.

POUCOUTA P., « L'aventure de la Bible en Afrique », dans *Église d'Afrique*, 2, octobre 2001, p. 77 - 100.

POUCOUTA P., « Engelbert MVENG : une lecture africaine de la Bible », in *NRT* 120 (1998) p. 32 - 45.

POUCOUTA P., « Alternatives à la mondialisation », dans *Spiritus*, 166, mars 2002, p. 40 - 53.

POUCOUTA P., « Apocalypse et thérapie de la violence », dans J.P. Tsala (éd), *Santé mentale, psychothérapies et sociétés/Mental Health,*

Psychoterapy and cultures, Vienne, The World Council for Psychoterapy, p. 187 - 199.

POUCOUTA P., « Aquila et Prisca, un couple au service de l'évangile », dans *Spiritus*, 107, 1987, p. 165 - 174.

POUCOUTA P., *Chrétiens et religions traditionnelles dans la Première Épître de Pierre, Mission de l'Église*, 130, Supplément, Paris, janvier 2001, p. 56 - 61.

POUCOUTA P., « Du sauveur des âmes au Seigneur de la vie : perspectives sotériologiques africaines » dans *Studia Missionalia*, vol. 52, 2003, p. 401 - 426.

POUCOUTA P., *Engelbert Mveng : une lecture africaine de la Bible*, dans *Nouvelle Revue Théologique*, Janv. - Avril 1998, p. 32 - 45.

POUCOUTA P., « Études bibliques sur L'Église Famille de Dieu » (10 ans après le Synode Africain), dans *Revue de l'Université Catholique de l'Afrique de l'Ouest*, Abidjan, 2004, p.105 - 121.

POUCOUTA P., « Interview sur la mondialisation », dans *Cahiers de l'atelier*, Paris, janv. 1999.

POUCOUTA P., « Corinthe, terre d'espérance », dans *Spiritus*, 160, septembre 2000, p. 323 - 335.

POUCOUTA P., « Inventer la terre : l'Apocalypse aujourd'hui », dans Revue de *Lumen Vitae*, 4, déc. 1998, p. 403 - 414.

POUCOUTA P., « *Jésus et l'argent* », dans *Spiritus*, 146, Mars, 1997, p. 53 - 61.

POUCOUTA P., « La conversion au quotidien selon Lc 3, 7 – 14 », dans *Kingdom of God in the Synoptics : conversion, justice and peace / Royaume de Dieu dans les Synoptiques : conversion, justice et paix*, Nairobi, Catholic Biblical Centre for Africa and Madagascar (BICAM), 1997, p. 105 - 116.

POUCOUTA P., « La Mission prophétique de l'Église dans l'Apocalypse », dans *Nouvelle Revue Théologique*, 110/1, 1988, p. 38 - 57.

POUCOUTA P., « L'Apocalypse », dans *Esprit et Vie*, n° 104 (2004), p. 16 - 22.

POUCOUTA P., « L'Apocalypse », dans *Esprit et Vie*, n° 105 (2004), p. 20 - 26.

POUCOUTA P., « L'Apocalypse », dans *Esprit et Vie*, n° 106 (2004), p. 18 - 24.

POUCOUTA P., « Les communautés johanniques et le pouvoir impérial dans Apocalypse 13 », dans *Communautés Johanniques/Johannine Communities*, Actes du IVe Congrès des Biblistes Africains, Facultés Catholiques de Kinshasa, Kinshasa, 1991, p. 242 - 264.

POUCOUTA P., « Mémoire et réconciliation dans l'Écriture », dans *Annales de l'École Théologique Saint Cyprien*, VI, 8, 2001, p. 63 - 81.

POUCOUTA P., « Palabre africaine et Réconciliation », dans *Pentecôte d'Afrique*, 32, juin 1998, p. 39 - 51.

POUCOUTA P., « Pour une théologie de la responsabilité », dans *Cheik Anta Diop, 6,* Bruxelles, 2000, p. 21 - 39.

POUCOUTA P., « Réflexions sur les programmes de l'enseignement de la théologie en Afrique », dans L. G. MILLO & N.Y. SOEDE (éd.), *Doing Theology and Philosophy in the African Context. Faire la théologie et la philosophie en contexte africain*, Frankfurt IKO, 2003, p. 263 - 273.

POUCOUTA P., « Témoignage dans l'Apocalypse », dans *Spiritus*, 113, 1988, p. 397 - 405.

POUCOUTA P., « Une Église de guetteurs pour l'Afrique du XXIe siècle », dans *Église d'Afrique*, 1, Cotonou, avril 2001, p. 8 - 19.

POUCOUTA P., *Une Parole douce et amère*, dans *Universalisme et Mission dans la Bible/Universalism and Mission in the Bible*, Catholic Biblical Center for Africa And Madagascar (BICAM), Nairobi, 1993, p. 245 - 262.

POUCOUTA P., « Violence et religion selon l'Apocalypse johannique, dans Missionswissenschaftliches » Institut Missio E.V. (éditeur), *Annuaires des Théologies contextuelles*, Frankfurt am Main/London, *Missionswissenschaftliches Institut Missio* e.v. 2002, p. 53 - 69.

POURTRIER R., « Afrique structure et milieu, in Afrique. Préhistoire », in

www.Universalis.fr.encyclopedie/afrique-prehistoire/ (16 - 5 - 2013).

PRECHE P., « Moïse l'Africain : La vérité voilée sur l'Africain qui a inspiré le monothéisme occidental » in http://www.peuplesawa.com/fr/bnnews.php?nid=632 (16 - 5 - 2013).

« Présentation de l'œuvre de Cheikh Anta Diop », in : http://.www.cheikhantadiop.net (16 - 5 - 2013), © Khepera, 2007.

PROD'HOM S. *Genèse*, in http://www.bibliquest.org/SProdhom/SP-at01-Genese_pour_jeunes.htm#TM13 (1 - 3 - 2014)

RÂLIBERÂ, R., « Théologien-prêtre et développement de la culture négro-africaine », dans *Présence Africaine* 2, 38 (1959)154 - 187.167.

RONY J., *La religion traditionnelle, la religion la plus pratiquée en Afrique*, PDF p. 33 in http://mobile.agoravox.fr/tribune-libre/article/la-religion-traditionnelle-la-125054 (27 - 01 - 2014)

ROUKEMA R., *Le monothéisme de l'évangile de Marc*, in *Le Monothéisme biblique. Évolution, contextes et perspectives* (LD 244), sous la direction d'Eberhard et Thierry Legrand, Cerf, Paris, 2011, p.163 - 180.

SABBAH M. - SABBAH R., *Les secrets de l'Exode : l'origine égyptienne des Hébreux*, Jean-Cyrille Godefroid, Paris, 2005, in http://www.amazon.fr/Les-Secrets-lExode-lorigine-Egyptienne/dp/2865531406 (28 - 2 - 2014).

SALMANN, E., "*La natura scordata. Un futile elogio dell'oblativo*", in *Abitando la Trinità*, in Piero Coda - L'ubomír Zák (ed.), *Abitando la Trinità. Per un rinnovamento dell'ontologia*, 27 - 43, Città Nuova, Roma 1998.

SCHMIDT N., « Les abolitions de l'esclavage : quelques repères, questions et perspectives », intervention dans le cadre du Colloque national *La Traite négrière, l'Esclavage et leurs Abolitions, Mémoire et Histoire*, séminaire national, 10 mai 2006, Direction générale de l'Enseignement scolaire, Bureau de la Formation Continue des enseignants, Programme de pilotage. Publication des Actes du colloque en 2007, ministère de l'Éducation nationale.

SEMPORE S., *Le Noir et le salut dans la Bible*, in *Universalisme et mission dans la Bible*, Actes du 5e Congrès des biblistes africains, Abidjan, 16 - 23 juillet 1991, éd. Association Panafricaine des Exégètes Catholiques, Naïrobi, Catholic Biblical Center for Africa, p. 18 - 20.

SERVICE VOLONTAIRE INTERNATIONAL, *Guide des religions*, in www.mobile.agoravox.fr (27 - 01 - 2014).

SIM MI NSONKON R., *L'origine dans l'Égypte pharaonique des rites du Kwanzaa et de la Ménorah du peuple hébreux. La signification du Dieu Suprême Bantou*, in http://www.kametrenaissance.com/sim-doc14.html (28 - 2 - 2014)

SOME M., *Les cultures africaines à l'épreuve de la colonisation*, in *Afrika Zamani* 42 (2001 - 2002) 41 - 59 in http://www.codesria.org/IMG/pdf/some.pdf.

SWIDERSKI, S., « Aperçu sur la Trinité et la pensée triadique chez les Fang au Gabon », dans *Canadian Journal of African Studies* 9, 2 (1975), p. 235 - 257.

T. VETRALI, "La vocazione ecumenica del francescano", in *Quaderni di Studi Ecumenici*, n. 3, 2001, p. 123 - 136.

WESTPHAL A., *Les Sources du Pentateuque. Étude de critique et d'histoire,* Vol. 1, Fischbacher, Paris, 1892, vol 1, p.125-141, in http://456-bible.chez-alice.fr/westphal/1402.htm (23 - 6 - 2012).

YESHA'YAHOU A., *Le mot Dieu héritage culturel gréco-latin*, in http://yeshayahou.over-blog.com/article-le-mot-dieu-l-heritage-culturel-greco-latin-57332137.html (29 - 05 - 2013).

Sites internet

http://africanhistory-histoireafricaine.com/blog/2013/08/16/lorigine-du-racisme-anti-noir-dans-le-monde/ (19 - 08 - 2014).
http://fraternite-ofs-sherb.eklablog.com/les-leaders-religieux-ensemble-contre-l-esclavage-crime-contre-l-human-a113880046 (8 - 12 - 2014).
http://www.osirisnet.net/docu/akhenat/akhen2.htm (11 - 12 - 2014)
http://negronews.fr/2013/12/25/culture-lorigine-du-racisme-anti-noir-dans-le-monde/ (27 - 03 - 2014)
http://www.cosmovisions.com/$Religionegyptienne.htm (26 - 7 - 2014).
http://www.dialogueislam-chretien.com/t2192p20-je-n-adore-pas-ce-que-vous-adorez (23 - 6 - 2012).

Table des matières

SOMMAIRE 5

INTRODUCTION 7

CHAPITRE 1
L'AFRIQUE NOIRE BERCEAU DU MONOTHÉISME 21
I.1. Afrique noire berceau de l'humanité 21
I.2. Afrique noire berceau du monothéisme 33
   I.2.1. Monothéisme hiérarchique d'Akhénaton 44
      I.2.1.1. Les noms 44
      I.2.1.2. Les hymnes 46
      I.2.1.3. La démythologisation du grand drame cosmique nocturne 49
      I.2.1.4. La Maat traditionnelle est remise en question 52
      I.2.1.5. L'universalisme d'Aton 52
      I.2.1.6. Le naturalisme amarnien 55
      I.2.1.7. Le rôle du roi 56
   I.2.2. Héritage d'Akhenaton en Afrique et dans la Bible 63
      I.2.2.1. Similitude des croyances en Afrique 63
      I.2.2.2. Évolution d'idées en Égypte antique 66

CHAPITRE 2
LENT PASSAGE DU POLYTHÉISME AU MONOTHÉISME CHEZ LES HÉBREUX 73

II.1. Du polythéisme en Israël 73
    II.1.1. Selon le livre de la Genèse..........................74
    II.1.2. Selon le livre de l'Exode............................76
    II.1.3. Selon le livre des Nombres 77
    II.1.4. Selon le livre du Deutéronome 77
    II.1.4. Selon le livre de Josué 80
    II.1.5. Selon le livre des Juges............................80
    II.1.6. Selon les livres de Samuel 81
    II.1.7. Selon les livres des Rois 81
II.2. Le Monothéisme africain a été antérieur au monothéisme hébreu...87

CHAPITRE 3
COMPARAISON DES MONOTHÉISMES..........123
III.1. L'Afrique traditionnelle nous enseigne un monothéisme tolérant..123
    III.1.1. L'Afrique Antique kamitique 123
    III.1.2. La Bible hébraïque puise à la conception africaine de Dieu...133
    III.1.3. Le monothéisme africain n'a pas été trop altéré au cours des siècles......................................137
III. 2. Un monothéisme agressif est une déviation.142
    III.2.1. Le monothéisme biblique aborde le conflit inhérent aux humains..142
    III.2.2. Les monothéismes postérieurs doivent apprendre la tolérance de leur ancêtre africain.....147
III.3. François d'Assise précurseur lointain du Vatican II réconcilie deux monothéismes agressifs 149
    III.3.1. François d'Assise avec le Sultan comme paradigme 150
        III.3.1.1. Contexte de la rencontre en 1219.......153
        III.3.1.2. Effet historique de cette rencontre 155

III.3.1.3. Franciscains et dialogues 157
III.4. Vatican II a mis les monothéismes en dialogue 162

CHAPITRE 4
PARADOXE DU MONOTHÉISME BIBLIQUE DANS LE RAPPORT HUMAIN 165
IV.1. De l'interprétation de Gn 10, un préjudice à l'Afrique (agressivité) 165
    IV.1.1. Interprétation rabbinique, patristique et islamiste 168
    IV.1.2. Regard des anthropologues, négriers et missionnaires sur l'Afrique noire 175
    IV.1. 3. La colonisation et la deuxième vague d'évangélisation du Congo 184
        IV.1.3.1. Missionnaires catholiques et protestants au Congo de Léopold II 187
        IV.1.3.2. Les missionnaires occidentaux face aux autochtones et à leur culture 189
IV.2. Enjeux œcuméniques et collaboration des missionnaires 191
    IV.2.1. Missions catholiques et défense de l'intérêt national 191
    IV.2.2. Protestantisme en marge de la trinité coloniale 193
    IV.2.3. Le défi de l'évangélisation face aux abus du pouvoir et aux divisions entre chrétiens 194
IV.3. Interprétation africaniste du mythe de Cham (M'veng, Poucouta, Kabasele) 198
    IV.3.1. La Bible un héritage africain 199
    IV.3.2. Œcuménisme traditionnel dans la Région des Grands Lacs Africains 208

CHAPITRE 5
NOS RELIGIONS CONTRE L'ESCLAVAGE MODERNE 219
V.1. Déclaration historique 219
V.2. Une déclaration qui nourrit l'espoir 222
V.3. Le Pape François contre l'esclavage 227

CONCLUSION GÉNÉRALE 247

APPENDICE 253
I- L'œuvre de Cheik Anta Diop 253
II- Le mythe fondateur du Bushi-Kabare 258

BIBLIOGRAPHIE 275
Ouvrages 275
Articles 285
Sites internet 300

L'HARMATTAN, ITALIA
Via Degli Artisti 15; 10124 Torino

L'HARMATTAN HONGRIE
Könyvesbolt ; Kossuth L. u. 14-16
1053 Budapest

ESPACE L'HARMATTAN KINSHASA
Faculté des Sciences sociales,
politiques et administratives
BP243, KIN XI
Université de Kinshasa

L'HARMATTAN CONGO
67, av. E. P. Lumumba
Bât. – Congo Pharmacie (Bib. Nat.)
BP2874 Brazzaville
harmattan.congo@yahoo.fr

L'HARMATTAN GUINÉE
Almamya Rue KA 028, en face du restaurant Le Cèdre
OKB agency BP 3470 Conakry
(00224) 60 20 85 08
harmattanguinee@yahoo.fr

L'HARMATTAN CAMEROUN
BP 11486
Face à la SNI, immeuble Don Bosco
Yaoundé
(00237) 99 76 61 66
harmattancam@yahoo.fr

L'HARMATTAN CÔTE D'IVOIRE
Résidence Karl / cité des arts
Abidjan-Cocody 03 BP 1588 Abidjan 03
(00225) 05 77 87 31
etien_nda@yahoo.fr

L'HARMATTAN MAURITANIE
Espace El Kettab du livre francophone
N° 472 avenue du Palais des Congrès
BP 316 Nouakchott
(00222) 63 25 980

L'HARMATTAN SÉNÉGAL
« Villa Rose », rue de Diourbel X G, Point E
BP 45034 Dakar FANN
(00221) 33 825 98 58 / 77 242 25 08
senharmattan@gmail.com

L'HARMATTAN TOGO
1771, Bd du 13 janvier
BP 414 Lomé
Tél : 00 228 2201792
gerry@taama.net

Achevé d'imprimer par Corlet Numérique - 14110 Condé-sur-Noireau
N° d'Imprimeur : 123211 - Dépôt légal : novembre 2015 - *Imprimé en France*